Praxishandbuch Veeam Backup & Replication 9.5

Praxishandbuch Veeam Backup & Replication 9.5

für VMware und Microsoft Hyper-V

Ralph Göpel

O'REILLY®

Ralph Göpel

Lektorat: Dr. Michael Barabas
Korrektorat: Annette Schwarz
Herstellung: Nadine Thiele
Umschlaggestaltung: Michael Oréal, www.oreal.de
Druck und Bindung: M.P. Media-Print Informationstechnologie GmbH, 33100 Paderborn

Bibliografische Information der Deutschen Nationalbibliothek
Die Deutsche Nationalbibliothek verzeichnet diese Publikation in der Deutschen Nationalbibliografie; detaillierte bibliografische Daten sind im Internet über *http://dnb.d-nb.de* abrufbar.

ISBN
Print: 978-3-96009-082-3
PDF: 978-3-96010-219-9
ePub: 978-3-96010-220-5
mobi: 978-3-96010-221-2

Dieses Buch erscheint in Kooperation mit O'Reilly Media, Inc. unter dem Imprint »O'REILLY«.
O'REILLY ist ein Markenzeichen und eine eingetragene Marke von O'Reilly Media, Inc. und wird mit Einwilligung des Eigentümers verwendet.

1. Auflage 2018

Wieblinger Weg 17
69123 Heidelberg

5 4 3 2 1 0

Inhalt

Verwendete Konventionen

Im Buch folgen wir diesen typografischen Konventionen:

Kursivschrift
: Wird für neue Begriffe, URLs, E-Mail-Adressen, Dateinamen und Dateierweiterungen verwendet.

`Nichtproportionalschrift`
: Wird für Programmlistings verwendet. Im normalen Fließtext werden damit Programmelemente wie Variablen- oder Funktionsnamen, Datenbanken, Datentypen, Umgebungsvariablen, Anweisungen und Schlüsselwörter hervorgehoben.

`Nichtproportionalschrift fett`
: Wird für Befehle oder andere Eingaben verwendet, die Sie wortwörtlich eingeben müssen.

`Nichtproportionalschrift kursiv`
: Wird für Text verwendet, der durch benutzereigene oder durch den Kontext bestimmte Werte ersetzt wird, und für die Kommentare in Listings, um eine bessere Lesbarkeit zu gewährleisten..

Mit diesem Symbol wird ein Tipp oder ein Vorschlag angezeigt.

Mit diesem Symbol wird ein allgemeiner Hinweis angezeigt.

Hiermit wird eine Warnung angezeigt.

KAPITEL 1

Backup im Allgemeinen

Backup und Recovery sind mit die wichtigsten Aufgaben, die bei einer produktiven Umgebung anfallen. Hierbei spielt es keine Rolle, ob es sich um die virtuelle Welt handelt oder ob physische Systeme gesichert werden müssen. Auch eine Probewiederherstellung sollte zu den regelmäßigen Aufgaben eines jeden Administrators gehören.

Leider zeigt sich in der Praxis, dass dieses wichtige Thema im produktiven Bereich nur allzu oft vernachlässigt wird. Einige Betriebe sind sogar vom Gesetzgeber her verpflichtet, Sicherungen einzurichten und bei Anfrage auch nachzuweisen, aber dieser Umstand ist vielen EDV-Mitarbeitern häufig unbekannt. Außerdem müssen einige Daten noch nach zehn oder gar dreißig Jahren auf Verlangen abrufbar sein.

Im Falle eines Falles muss man sich auf ein Backup verlassen können, und man sollte dieses auch regelmäßig durch ein Recovery überprüfen. Nur wer das oft übt, wird im Katastrophenfall oder in Stresssituationen richtig handeln und einen größeren Datenverlust zu verhindern wissen. In dieser Dokumentation finden Sie Erläuterungen zu allen wichtigen Vorgehens- und Hinweisen zu deren richtiger Verwendung.

Backup-Unterschiede zwischen den Welten

Wenn Sie Ihre physischen Maschinen mittels Agenten im Betriebssystem bisher auf Band oder Platte gesichert haben, können Sie das mit dieser Software auch weiterhin tun. In der virtuellen Welt gibt es aber andere Möglichkeiten, die einem die Wiederherstellung eines Rechners deutlich erleichtern. Die bloßen Daten eines Rechners kann man erst wieder in eine fertig aufgesetzte Maschine mit installiertem Backup-Agenten zurückspielen. Welche Hardware vorher in der virtuellen Maschine war, lässt sich nachträglich nicht immer zweifelsfrei bestimmen. Bei einer virtuellen Maschine (VM) können aber alle beteiligten Dateien auf ein Volume des Hypervisors zurückkopiert werden, und die Maschine ist sofort wieder einsatzbereit – ohne Umwege über eine Neuinstallation des Betriebssystems und Installation einer Backup-Software.

Gerade in letzter Zeit haben viele Hersteller recht gute Produkte für die Sicherung und Wiederherstellung für virtuelle Maschinen entworfen. Dabei gibt es sowohl kostenlose Produkte als auch Kaufversionen mit den unterschiedlichsten Ansätzen. Erfahrungen können Sie meist über voll funktionierende, zeitlich begrenzte Versionen sammeln und sich dann für ein Produkt entscheiden. Schauen Sie sich z.B. die Möglichkeiten an, die die Firmen Quest Software (ehemals Vizioncore, jetzt Dell, *www.quest.com/virtualization*), Veeam (www.veeam.com/de), arkeia software (*www.arkeia.com/de/products*) oder auch Acronis (*www.acronis.de*) bieten.

Die Ansätze der einzelnen Produkte sind zwar zum Teil sehr unterschiedlich, wichtig ist aber nur, dass Sie eine Software finden, mit der Sie einfach, schnell und unkompliziert diese Aufgabe erledigen können.

Sicherung des Hosts

Die Meinungen beim Backup eines ESXi oder Hyper-V-Servers gehen weit auseinander. Muss der Host überhaupt gesichert werden, oder setzt man ihn einfach neu auf? Beides ist möglich!

Da beim neuen installierbaren Hypervisor von VMware (ESXi) kein Betriebssystem mehr als Grundlage vorhanden ist, schlagen die üblichen Backup-Methoden wie bei Linux fehl. Welche Möglichkeiten gibt es dann überhaupt? Mit dem Befehl vicfg-cfgbackup.pl über vCLI o. Ä. können die wichtigsten Konfigurationsdateien des Hosts gesichert und wieder zurückgespielt werden. Bei der kostenlosen Version schlägt das Zurückspielen aber fehl, weil der Host sich nach dem Einspielen der Lizenz im schreibgeschützten Modus befindet bzw. die sonst üblichen Softwareschnittstellen geschlossen sind. Setzt man einen neuen ESXi auf, trägt man die Lizenz einfach erst nach dem Zurückspielen der Sicherung ein. Natürlich kann die Konfiguration aber auch händisch nach einer Neuinstallation wieder eingepflegt werden. Probleme gibt es dann aber gegebenenfalls bei der neuen Identität, die den Zugriff auf einen externen Storage, z.B. wegen eines anderen IQN (iSCSI Qualified Name), verhindern kann.

Eine weitere Möglichkeit besteht darin, den Befehl vm-support aufzurufen. Dieser sammelt unter anderem auch die komplette Konfiguration. Die anschließend erstellte gepackte Datei kopiert man sich auf einen beliebigen Datenträger. Muss der Host neu installiert werden, so entfernt man aus dem Paket die nicht benötigten Verzeichnisse wie z.B. /proc und /vmfs und kopiert die restlichen Daten in die Originalverzeichnisse zurück. Wenn man anschließend den Server neu startet, ist die komplette Konfiguration wiederhergestellt.

Hat man ein Fibre-Channel- oder iSCSI-SAN, so kann man die Installation des Hosts auch dort vornehmen. Über zusätzliche Funktionen des Storage können natürlich auch diese Daten gesichert werden. Einen neuen Server lässt man einfach vom SAN booten und braucht sich keinerlei weitere Gedanken über das Backup zu machen.

Bootet man den Host von einem USB-Stick oder einer Flash-Speicherkarte, so kann man diesen auch klonen. Das funktioniert auch im laufenden Betrieb, da der Host alle Daten im RAM vorhält.

Bei Hyper-V von Microsoft kann der Server (von 2008 R2 SP1 bis einschließlich 2016) direkt über Veeam Backup & Replication (B&R) gesichert werden.

Sicherung der VMs

Wie schon eingangs erwähnt, kann man bei der Sicherung von virtuellen Maschinen genauso verfahren wie bei physischen Systemen. Besser ist es jedoch, wenn eine Backup-Software die Dateien der VM von der jeweiligen Partition sichert. Dazu gehören bei VMware die Festplattendateien (*.vmdk und *-flat.vmdk), die Konfigurationsdateien (*.vmx und *.vmxf) sowie gegebenenfalls das BIOS (*.nvram, nur notwendig, wenn BIOS-Einstellungen geändert wurden) und bei Hyper-V die Konfigurationsdateien (XML bis 2008, ab 2016 binär mit Endung VMCX) sowie die Festplatte VHD oder AVHD. Haben Sie aktive Snapshots, müssen Sie diese ebenfalls berücksichtigen und zusätzlich die Snapshot-Datei (*.vmsd bzw. *.vsv) sichern. Auf jeden Fall ist es besser, wenn Sie die Snapshots vor der Sicherung entfernen bzw. übernehmen/löschen. Ab Windows 2016 spricht man von VM Checkpoints statt Snapshots, da sich hier etwas geändert hat. Der Einfachheit halber bleibe ich bei dem Terminus »Snapshots«.

Die meisten Softwarelösungen für diese Aufgabe machen vor dem Backup einen Snapshot der Maschine, weil dann die Festplattendatei ohne Probleme kopiert werden kann. Ist der Vorgang abgeschlossen, wird der dann aktuelle Zustand übernommen (der Snapshot wird gelöscht).

Achten Sie unbedingt auf die korrekte Rücknahme der Snapshots. Bei Problemen kann das jeweilige Volume schnell volllaufen. Schuld daran ist manchmal die VSS-Komponente in den VMware Tools. Ändern Sie dann die Einstellungen der Tools und wählen Sie VSS ab. Manchmal ist auch der Eintrag »*`disk.EnableUUID = "TRUE"`*« in der *.vmx-Datei schuld. Ändern Sie den Eintrag dann auf »FALSE«. Bei Microsoft Hyper-V Host unter 2008 R2 und früher lässt sich der VSS-Provider pro Volume einstellen.

Die Backup-Lösung für virtuelle Maschinen unter VMware und Microsoft HyperV namens Veeam Backup & Replication liegt nunmehr in der Version 9.5 vor und macht wie vorher einen sehr guten und stabilen Eindruck.

Dieses Produkt wurde in der Vergangenheit mehrfach ausgezeichnet, z.B. als Produkt des Jahres und »Best of vmworld«.

Ähnlich wie andere Datensicherungsanwendungen für VMs unterstützt Backup & Replication einen deduplizierten Speicher sowie eine Kompression vor der Übertragung auf das Sicherungsmedium, was die Netzwerkbelastung und den Storage-Bedarf deutlich verringert.

Eine sehr interessante Lösung ist die integrierte Near-CDP-Funktion (Near-Continuous Data Protection). Damit werden Änderungen an virtuellen Maschinen erkannt und die vorher erstellten Images (Replikate) laufend aktualisiert.

VMs können im Katastrophenfall direkt über den Datensicherungsspeicher gestartet werden – ein Zurückspielen der gesicherten VM auf einen schnelleren Storage kann dann später erfolgen. Auch lässt sich eine Art Sandbox (SureBackup) nutzen, um in einer abgeschotteten, gesicherten Umgebung ein Backup mit mehreren Maschinen zu überprüfen.

Selbstverständlich können auch über das File Level Restore einzelne Dateien aus der Sicherung wiederhergestellt und mittlerweile auch physische Windows- und Linux-Maschinen gesichert werden. Diese und viele weitere Produktmerkmale werden nachfolgend besprochen.

Veeam Software

Die Schweizer Firma Veeam Software mit Hauptsitz in Baar entwickelt Produkte für Datensicherung und Management in virtuellen Umgebungen. Sie wurde im Jahre 2006 gegründet. Die ersten vorgestellten Produkte waren Veeam Monitor und Veeam Reporter, die mittlerweile Bestandteil von Veeam ONE sind.

Das kostenlos angebotene Tool FASTSCP kam 2007 auf den Markt und ist jetzt die Grundlage der Datensicherung Backup & Replication, welche im Jahre 2008 erstmals angeboten wurde.

Die Firma bietet noch weitere interessante Tools an, über die Sie sich Informationen auf deren Website ansehen können.

Systemvoraussetzungen

Veeam Backup & Replication (B&R) kann ab VMware Infrastructure 4.1 bis zur aktuellen VMware-vSphere-Umgebung und für ESX sowie ESXi Hosts eingesetzt werden. Der freie, kostenlose ESXi Host wird nicht unterstützt. Bei Hyper-V werden sogar der freie und der Nano Server ab 2008 R2 SP1 unterstützt. Die Software wird als Dienst auf einem physischen oder virtuellen 64-Bit-Windows-Betriebssystem ab Windows 7 SP1 bis Windows Server 2016 installiert.

Als Hardwarevoraussetzung gilt eine 64-Bit-CPU mit mindestens 4 GByte RAM plus jeweils 500 MByte für jeden gleichzeitig ausgeführten Backup Job. Auf der Festplatte werden 2 GByte für die Installation und für den Katalog jeweils

10 GByte für je 100 VMs benötigt. Netzwerktechnisch sollte es mindestens ein 1-GBit-Ethernet-Adapter sein und für eine WAN-Strecke 5 MBit/s.

Ein Backup-Server (BS) kann bis zu 10.000 VMs sichern. Als Datenbank sollte es dann ein externer MS-SQL Server 2014 (oder neuer) oder für bis zu 350 VMs auch die SQL-Express-Variante sein. Konfigurieren Sie den BS mit einem Sockel und mindestens vier Kernen sowie ausreichend RAM (siehe obigen Abschnitt).

Nutzen Sie für Ihre VMs für Windows 2012 R2 (oder höher) die interne Deduplizierung, sollten Sie Veeam Backup & Replication ebenfalls auf diesem Betriebssystem installieren und das Feature »Data Deduplication« aktivieren, sonst kann es bei der Dateiwiederherstellung dieser VMs zu Problemen kommen.

Installieren Sie den Backup-Server möglichst nicht auf Produktionsmaschinen, wie DCs, Exchange- und andere Server.

Unterstützung von VMs:

- Alle Typen und Versionen der VMs inkl. 62-TByte-vmdk-Festplatten werden unterstützt. Bei Hyper-V die Hardwareversion 5.0 und 8.0, Generation 1 und 2, VHDX-Festplatten bis 64 TB.
- »Pass-Through«-, RDM-Festplatten, unabhängige Disks (independent) und im OS angebundene iSCSI-Festplatten werden nicht gesichert. Ebenfalls werden gemountete Netzwerkfreigaben und externe Mountpoints nicht berücksichtigt.
- Alle Betriebssysteme in den VMware VMs und alle von Hyper-V gelisteten werden unterstützt.
- Der Veeam Explorer für bestimmte Anwendungen benötigt das Microsoft VSS, weswegen die Applikationen erst ab Windows Server 2003 SP1 (außer Nano Server) berücksichtigt werden können.
- Es sollten möglichst die neuesten SP (Service Packs) und Patches im Backup-Server installiert sein.
- Die Hyper-V-Integrationskomponenten sowie die VMware Tools müssen für Application Aware Processing und File Level Restore bei Windows und für das SureBackup installiert sein.

Die neue Veeam Backup & Replication Console, über die man von entfernt übers Netzwerk auf die Sicherungsumgebung zugreifen kann, braucht etwas weniger als die oben beschriebenen Werte. Ein 64-Bit-Betriebssystem, ab Windows 7 SP1 muss es aber schon sein.

Lizenzierung

Lizenziert wird hier für die VMs pro CPU-Sockel der beteiligten Hosts, bei physischen Windows- oder Linux-Maschinen pro Server bzw. Workstation und jeweils ein oder drei Jahre Support und Subscription. Eine Verlängerungslizenz ist für deutlich geringere Kosten erhältlich. Zielhosts (für die Replikation oder Migration) brauchen nicht lizenziert zu werden. Eine 30-Tage-Testversion kann von der Internetseite www.veeam.com/de heruntergeladen werden.

Die gekauften Lizenzen werden automatisch den jeweiligen Hosts zugewiesen, sobald ein Sicherungsjob auf den Hypervisor verweist, auf dem die zu sichernde Maschine liegt. Um nicht mehr benötigte Hosts von den zugewiesenen Lizenzen zu lösen und diese zum Beispiel einem neuen Host zuzuweisen, klicken Sie in der Oberfläche im Menü auf »Help License«. In dem folgenden Fenster klicken Sie auf die Schaltfläche »Licensed Hosts«, dann werden die Server gelistet, denen eine Lizenz zugewiesen wurde. Klicken Sie den nicht mehr benötigten Host an und dann auf die Schaltfläche »Revoke«.

Produkt-Editionen

Veeam Backup & Replication gibt es – zuzüglich der freien – in drei verschiedenen Editionen: Standard, Enterprise und Enterprise Plus, die alle aus einer Installationsroutine kommen. Diese bieten natürlich unterschiedliche Funktionen, wie aus der folgenden (von Veeam übernommenen) Tabelle 1 ersichtlich ist.

Tabelle 1-1: Funktionen der Editionen

Veeam Backup & Replication Feature	Standard- Edition	Enterprise- Edition	Enterprise- Plus-Edition
Vollständige Wiederherstellung einer VM	ja	ja	ja
	Wiederherstellung einer gesamten VM auf dem ursprünglichen oder einem anderen Host. Durch schnelle Rollbacks kann die Wiederherstellung auf geänderte Blöcke beschränkt werden.		
Instant VM Recovery®	ja	ja	ja
	Schnelle Wiederherstellung von Services für Anwender, indem VMs direkt über eine Backup-Datei auf herkömmlichen Backup-Speichergeräten gestartet werden.		
Wiederherstellung von VM-Dateien und virtuellen Festplatten	ja	ja	ja
	Wiederherstellung einzelner VM-Dateien (z. B. VMX) und virtueller Festplatten		
Veeam Restore to Microsoft Azure	ja	ja	ja
	Wiederherstellung oder Migration von lokalen Windows- oder Linux-basierten VMs, physischen Servern und Endgeräten in die Microsoft Azure Cloud		
Instant File Level Recovery	ja	ja	ja
	Wiederherstellung von Dateien aus 19 gängigen Dateisystemen unter Windows, Linux, BSD, Mac OS, Novell, Solaris und Unix(3)		

Tabelle 1-1: Funktionen der Editionen

Veeam Backup & Replication Feature	Standard- Edition	Enterprise- Edition	Enterprise- Plus-Edition
Veeam Explorer für Storage-Snapshots (Dell EMC, HPE, IBM, Lenovo, NetApp und Nimble Storage)[a]	ja	ja	ja
	Wiederherstellung einzelner VMs, Gastdateien und Anwendungsobjekte aus: • Dell EMC VNX-, VNX2- und VNXe-Snapshots • Hewlett Packard Enterprise (HPE) 3PAR StoreServ-, StoreVirtual- und Store-Virtual VSA-Snapshots • IBM Spectrum Virtualize-Snapshots auf dem IBM SAN Volume Controller und der Storwize-Produktreihe • Lenovo V Series Spectrum Virtualize-Snapshots • NetApp-Data-ONTAP-basiertem Storage, einschließlich FAS, FlexArray und Data ONTAP Edge • Nimble Storage CS Series- und AF Series-Snapshots		
Veeam Explorer für Microsoft Active Directory	teils	ja	ja
	Suche nach und Wiederherstellung von sämtlichen Objekttypen in Active Directory (AD) wie Benutzern, Gruppen, Computerkonten und Kontakten, einschließlich Wiederherstellung von Benutzer- und Computerkennwörtern. Alle Editionen unterstützen die Wiederherstellung einzelner Benutzer und Computerkonten über den Export ins LDIFDE-Format, die Wiederherstellung direkt in AD sowie die Wiederherstellung von Kennwörtern. Die Enterprise- und Enterprise-Plus-Editionen unterstützen die Wiederherstellung von Mehrfachauswahlen, Containern, Gruppenrichtlinienobjekten, in AD integrierten DNS-Datensätzen und Konfigurationspartitionsobjekten.		
Veeam Explorer für Microsoft Exchange	teils	ja	ja
	Sofortiger Einblick in Backups von Microsoft Exchange 2010, 2013 und 2016 für die Wiederherstellung einzelner Exchange- Objekte (z. B. E-Mails, Termine, Notizen und Kontakte), von Online-Archivpostfächern und dauerhaft gelöschten Objekten. Umfassende e-Discovery-Features einschließlich einer Schätzung der Größe der Abfrageergebnisse und ausführlicher Export-Reports. Alle Editionen unterstützen die Wiederherstellung von Objekten aus Exchange-Postfächern über Speichern, Senden und PST-Export. Die Enterprise- und Enterprise-Plus-Editionen unterstützen eine Wiederherstellung im ursprünglichen Postfach.		
Veeam Explorer für Microsoft SQL Server	teils	ja	ja
	Problemlose Wiederherstellung einzelner SQL-Datenbanken auch ohne umfassende SQL-Kenntnisse und ohne Suche nach Datenbank- und Transaktionsprotokolldateien. Alle Editionen unterstützen den lokalen Export von SQL-Datenbankdateien eines bestimmten Zeitpunkts. Die Enterprise- und Enterprise-Plus-Editionen unterstützen agentenlose Transaktionsprotokolle zum Sichern und Zurückspielen sowie die Wiederherstellung von Datenbanken und SQL-Objekten (Tabellen, gespeicherten Prozeduren, Ansichten usw.) auf Transaktionsebene auf dem ursprünglichen oder einem anderen SQL-Server.		

Tabelle 1-1: Funktionen der Editionen

Veeam Backup & Replication Feature	Standard-Edition	Enterprise-Edition	Enterprise-Plus-Edition
Veeam Explorer für Microsoft SharePoint	teils	ja	ja
	Sofortiger Einblick in SharePoint-Backups mit erweiterten Features für die Suche, die eine schnelle Wiederherstellung von einzelnen SharePoint-Objekten und vollständigen Websites ermöglichen. Alle Editionen unterstützen die Wiederherstellung von SharePoint-Objekten über Speichern, Senden und Exportieren. Die Enterprise- und Enterprise-Plus-Editionen unterstützen auch die Wiederherstellung von vollständigen Websites sowie die Wiederherstellung am ursprünglichen Speicherort.		
Veeam Explorer für Oracle	nein	ja	ja
	Problemlose Wiederherstellung einzelner Oracle-Datenbanken auch ohne umfassende Oracle-Kenntnisse und ohne Suche nach Datenbank- und Transaktionsprotokolldateien. Die Enterprise- und Enterprise-Plus-Editionen ermöglichen eine agentenlose Sicherung von Transaktionsprotokollen, das Management von archivierten Protokollen und die Wiederherstellung von Datenbanken auf Transaktionsebene auf dem ursprünglichen oder einem anderen Oracle-Server.		
U-AIR® (Universal Application-Item Recovery)	nein	ja	ja
	Wiederherstellung einzelner Objekte für ALLE virtualisierten Anwendungen, einschließlich PostgreSQL- und MySQL-Datenbanken, durch Starten von VMs direkt aus einer Backup-Datei in einer isolierten Umgebung und Zugriff auf die Anwendung über native Management-Tools		
Portal für Helpdesk-Mitarbeiter für 1-Click Restore von Dateien und VMs	nein	ja	ja
	Wiederherstellung von Gastdateien und VMs mit einem Klick über eine Weboberfläche		
Portal für Helpdesk-Mitarbeiter für die Wiederherstellung von Microsoft-Exchange-Objekten	nein	ja	ja
	Wiederherstellung von Postfachobjekten im ursprünglichen Postfach mit einem Klick über eine Weboberfläche		
Datenbankwiederherstellungsportal	nein	ja	ja
	Wiederherstellung einzelner Datenbanken auf dem ursprünglichen Server oder einem anderen SQL-Server mit einem Klick über eine Weboberfläche		
Portal für Anwender für die Self-Service-Wiederherstellung von Dateien	nein	nein	ja
	Portal zur Dateiwiederherstellung mit automatischer VM-Erkennung und automatischer Delegierung basierend auf der Zugehörigkeit zur lokalen Administratorgruppe		
Delegierung von Wiederherstellungsaufgaben	nein	nein	ja
	Umfassende Self-Services für alle Wiederherstellungs-Features der Weboberfläche durch Delegieren der Wiederherstellung einzelner VMs oder VM-Gruppen an bestimmte Benutzer oder Benutzergruppen wie lokale IT-Mitarbeiter, Anwender, Abteilungsmitglieder usw.		
Applikationskonsistente, imagebasierte Backups	ja	ja	ja
	Erstellung applikationskonsistenter, imagebasierter VM-Backups mit erweiterter anwendungsspezifischer Verarbeitung (einschließlich Kürzung der Transaktionsprotokolle)		

Tabelle 1-1: Funktionen der Editionen

Veeam Backup & Replication Feature	Standard- Edition	Enterprise- Edition	Enterprise- Plus-Edition
VeeamZIP™	ja	ja	ja
	Optimierung von Ad-hoc-Backups aktiver VMs für Archivierungszwecke		
Quick Backup	ja	ja	ja
	Schnelle inkrementelle Backups einzelner VMs mit dem bestehenden Backup Job		
Proxy für die Interaktion mit Gastsystemen in ROBO-Umgebungen	nein	ja	ja
	Verringerung der Arbeitslast auf dem zentralen Backup-Server und einfachere Skalierbarkeit für große Unternehmen mit vielen Installationen in Außen-/Zweigstellen (Remote Office/Branch Office, ROBO) bei der anwendungsspezifischen Verarbeitung und Indizierung des Gastdateisystems		
Backup I/O Control	nein	teils	ja
	Ermöglicht die Festlegung der maximal zulässigen I/O-Latenz für Produktivspeichersysteme, um sicherzustellen, dass Backup und Replikation die Verfügbarkeit der Speichersysteme in der Produktivumgebung nicht beeinträchtigen. Die Enterprise-Edition verfügt über eine globale Latenzeinstellung, während die Enterprise Plus Edition die Anpassung dieser Einstellung auf Ebene der einzelnen Speichersysteme ermöglicht.		
Backups aus Storage- Snapshots (Cisco, Dell EMC, HPE, IBMNEU, LenovoNEU, NetApp und Nimble Storage)(2)	nein	nein	ja
	Beliebig häufige Erstellung imagebasierter Backups und Replikate bei nur geringen oder keinerlei Auswirkungen auf die Produktivumgebung auf Basis von: • Cisco HyperFlex-Snapshots • Dell EMC VNX-, VNX2- und VNXe-Snapshots • HPE 3PAR StoreServ-, StoreVirtual- und StoreVirtual VSA-Snapshots • IBM Spectrum Virtualize FlashCopy • Lenovo Spectrum Virtualize FlashCopy • NetApp Data ONTAP-basiertem Storage, einschließlich FAS, FlexArray (V-Series) und Data ONTAP Edge • Nimble Storage CS Series- und AF Series-Snapshots		
Backup aus replizierten Kopien von NetApp SnapMirror und SnapVault1 sowie Nimble-Storage-Speichersystemen(1)	nein	nein	ja
	Vermeidung der Auswirkungen von Backup-Aktivitäten auf die Produktivspeichersysteme durch Abruf der VM-Daten aus den replizierten Kopien auf sekundären SnapMirror- oder SnapVault- und Nimble-Storage-Speichersystemen statt aus Primärspeichersystemen		
Sekundäres Backup auf NetApp- oder Nimble-Storage-Speichersystemen(1)	SnapShot	SnapShot, SnapMirror	Replizierte Kopien von SnapShot, SnapMirror und SnapVault
	Erstellung sekundärer, applikationskonsistenter und Storage-Snapshot-basierter Backups auf NetApp-Data-ONTAP-basierten Speichersystemen, einschließlich FAS, FlexArray (V-Series), Data ONTAP Edge VSA und IBM N Series oder Nimble Storage Arrays der CS- und AF-Series		

Tabelle 1-1: Funktionen der Editionen

Veeam Backup & Replication Feature	Standard- Edition	Enterprise- Edition	Enterprise- Plus-Edition
Synthetische Full Backups	ja	ja	ja
	Vermeidung regelmäßiger vollständiger Backups durch die Erstellung unbeschränkt inkrementeller Backups und dadurch Verringerung des Zeitaufwands und der benötigten Speicherkapazitäten		
Integrierte Deduplizierung, Komprimierung und Ausschluss von Swap-Dateien	ja	ja	ja
	Verringerung des Speicherplatzbedarfs für Backups und des Netzwerk-Traffics durch integrierte Deduplizierung, verschiedene Komprimierungsoptionen zur Abstimmung der Speicherauslastung mit der Performance und Arbeitslast auf dem Backup Proxy sowie Verringerung der benötigten Backup-Speicherkapazitäten und Optimierung der Performance durch den Ausschluss von Swap-Dateien		
BitLooker™	ja	ja	ja
	Analyse der NTFS-Masterdateitabelle (MFT) zur Identifizierung der Blöcke, die zu gelöschten Dateien gehören, und Überspringen dieser Blöcke während der Verarbeitung auf Image-Ebene zur Verringerung der Größe der Backup-Datei und Bandbreitenauslastung bei der Replikation		
Backup Copy Jobs	ja	ja	ja
	Automatisches Kopieren aller oder ausgewählter VM-Backups an den gewünschten DR-Speicherort, einschließlich Überprüfung und Fehlerbehebung zur Sicherstellung der Verfügbarkeit und Zuverlässigkeit der Kopien		
Veeam Cloud Connect Backup	ja	ja	ja
	Übertragung von Backups an externe Speicherorte mit vollständig integrierter, schneller und zuverlässiger Sicherung und Wiederherstellung in die bzw. aus der Cloud über einen Service Provider.		
End-to-End-Verschlüsselung	teils	ja	ja
	Absicherung von Backup-Daten und Netzwerkübertragungen mit End-to-End-Verschlüsselung (256-Bit-AES) ohne Beeinträchtigung der Datenreduktion durch die integrierte Komprimierung und WAN-Beschleunigung. Alle Editionen bieten eine quellseitige Verschlüsselung (während des Backups), bei der Übertragung (Netzwerk-Traffic) und bei der Speicherung (Bandsicherung). Die Enterprise- und Enterprise-Plus-Editionen bieten zudem Schutz bei Kennwortverlust.		
Native Bandunterstützung	teils	ja	ja
	Sicherung und Archivierung von Dateien und VM-Backups auf eigenständigen Bandlaufwerken sowie physischen und virtuellen Bandbibliotheken, die mit einem Microsoft-Windows-Server in der Umgebung verbunden sind. Alle Editionen unterstützen das Kopieren von Windows-, Linux- und VM-Backup-Dateien auf Band. Die Enterprise- und Enterprise-Plus-Editionen bieten außerdem eine umfassende Integration in Backup Jobs und Unterstützung für das vollständige Tracking von VMs und Wiederherstellungspunkten auf Band sowie in Media Vaults. Sie unterstützen außerdem globale Medienpools (mit mehreren Bandbibliotheken) und einen dedizierten Medienpooltyp für eine einfachere Aufbewahrung von GFS-Backups (Großvater, Vater, Sohn).		

Tabelle 1-1: Funktionen der Editionen

Veeam Backup & Replication Feature	Standard- Edition	Enterprise- Edition	Enterprise- Plus-Edition
Proxy-Affinität	nein	ja	ja
	Einfachere Job-Erstellung und Abbildung von Direktverbindungen zwischen Proxies und Backup-Repositories		
Integration von deduplizierendem Storage	nein	ja	ja
	Höhere Backup-Performance durch Sicherung auf deduplizierendem Storage (EMC Data Domain Boost, HPE StoreOnce Catalyst und ExaGrid Accelerated Data Mover)		
VM-basierte Backup-Dateien für deduplizierenden Storage	nein	ja	ja
	Speichern von VMs in separaten Backup-Dateien für eine bessere Backup-Performance bei der Sicherung auf deduplizierendem Storage. Hierzu werden durch Parallelverarbeitung von VMs mehrere gleichzeitige Schreibdatenströme ermöglicht.		
Verarbeitung einzelner Dateien auf Image-Ebene	nein	ja	ja
	Ausschluss einzelner Dateien und Ordner während der Sicherung und Replikation zur Verringerung der Datenmenge, die übertragen und gespeichert werden muss		
Integrierte WAN-Beschleunigung	nein	teils	ja
	Bis zu 50 x schnellere Übertragung von Backups an externe Speicherorte und Verringerung der Bandbreitenauslastung mit agentenlosen Backup Copy Jobs. Die Enterprise-Edition unterstützt die integrierte WAN-Beschleunigung ausschließlich für Veeam-Cloud-Connect- Speicherziele. Die Enterprise-Plus-Edition unterstützt die integrierte WAN-Beschleunigung für beliebige Speicherziele.		
Scale-out Backup Repository™	nein	teils	ja
	Bereitstellung einer Abstraktionsebene über den einzelnen Speichergeräten zur Erstellung eines virtuellen Backup-Speicherpools. Hinweis: Mit der Enterprise-Edition können Anwender ein Scale-out Backup Repository mit drei aktiven Erweiterungen und einer inaktiven Erweiterung (im Wartungsmodus) erstellen. Mit der Enterprise-Plus-Edition ist die Anzahl der Repositories oder Erweiterungen nicht beschränkt.		
Imagebasierte VM-Replikation	ja	ja	ja
	Lokale Replikation von VMs für eine hohe Verfügbarkeit oder externe Replikation für Disaster Recovery		
Veeam Cloud Connect Replication	ja	ja	ja
	Gewährleistung einer hohen Verfügbarkeit unternehmenskritischer Anwendungen durch vollständig integrierte, schnelle und sichere cloudbasierte Disaster Recovery über einen DRaaS-Provider (Disaster-Recovery-as-a-Service)		
Unterstütztes Failover und Failback	ja	ja	ja
	Rollback von Replikaten und Unterstützung bei Failover und Failback		
Replikation aus Backups	ja	ja	ja
	Direkte Erstellung von Replikaten aus VM-Backup-Dateien ohne Beeinträchtigung der Produktivumgebung		

Tabelle 1-1: Funktionen der Editionen

Veeam Backup & Replication Feature	Standard- Edition	Enterprise- Edition	Enterprise- Plus-Edition
Geplantes Failover	ja	ja	ja
	Einfachere Migration von Rechenzentren ohne Datenverlust		
1-Click-Failover-Orchestrierung	nein	ja	ja
	Integrierte Orchestrierung von Failover-Plänen für ein einfaches 1-Click-Standort-Failover zur Minimierung ungeplanter Ausfallzeiten		
Integrierte WAN-Beschleunigung	nein	teils	ja
	Bis zu 50 x schnellere Übertragung von Replikaten an externe Speicherorte bei geringerer Bandbreitenauslastung. Die Enterprise-Edition unterstützt die integrierte WAN-Beschleunigung ausschließlich für Veeam-Cloud-Connect- Speicherziele. Die Enterprise-Plus-Edition unterstützt die integrierte WAN-Beschleunigung für beliebige Speicherziele.		
SureBackup®	nein	ja	ja
	Automatisches Testen und Überprüfen der Wiederherstellbarkeit aller gesicherten VMs durch Ausführen der VM direkt über die Backup-Datei (keine Wiederherstellung der vollständigen VM erforderlich), einschließlich Unterstützung für benutzerdefinierte Anwendungstestskripte		
SureReplica(1)	nein	ja	ja
	Automatisches Testen und Überprüfen der Wiederherstellbarkeit aller replizierten VMs, einschließlich Unterstützung für benutzerdefinierte Anwendungstestskripte		
On-Demand Sandbox™	nein	ja	ja
	Ausführung einer oder mehrerer VMs direkt über ein Backup in einer isolierten Umgebung einschließlich Nutzung einer Kopie der Produktivumgebung für Fehlerbehebung, Tests und Schulungen ohne Beeinträchtigung des Geschäftsbetriebs		
On-Demand Sandbox für Storage-Snapshots(1)	nein	nein	ja
	Schnelle Erstellung vollständig isolierter Kopien der Produktivumgebung auf der Grundlage von Storage-Snapshots für ein einfaches Testen und eine schnelle Fehlerbehebung		
Unterstützung für VMware vSphere und Microsoft Hyper-V	ja	ja	ja
	Unterstützung für VMware vSphere 4.1 oder höher und Microsoft Hyper-V 2008 R2 SP1 oder höher. Anzeige beider Hypervisoren über eine Konsole.		
Plug-in für vSphere Web Client(1)	ja	ja	ja
	Ausführung von VeeamZIP und Quick Backup, Monitoring von Backups, einfache Identifizierung nicht gesicherter VMs und einfachere Kapazitätsplanung direkt über den vSphere Web Client		

Tabelle 1-1: Funktionen der Editionen

Veeam Backup & Replication Feature	Standard- Edition	Enterprise- Edition	Enterprise- Plus-Edition
Integriertes Management für Veeam Agent for Microsoft Windows und Veeam Agent or Linux	ja	ja	ja
	Beinhaltet eine einzige Managementkonsole, um die Verfügbarkeit von virtuellen, physischen und cloudbasierten Workloads zu gewährleisten, zentralisierte Bereitstellung von Backup-Agenten, Windows Server Failover Cluster Support sowie Reports zur Überwachung und Identifizierung geschützter und ungeschützter Agenten. Die Lizenzen für Veeam Agent for Microsoft Windows und Veeam Agent for Linux werden separat verkauft.		
Eigenständige Konsole	ja	ja	ja
	Separate Installation der Konsole sowohl auf dem Backup-Server als auch auf Laptops und Desktops, sodass RDP-Sessions (Remote-Desktop-Protokoll) auf einem Backup-Server überflüssig werden		
Backup Compliance Reporting	ja	ja	ja
	Enthält eine vordefinierte Geolokalisierungskategorie in Business View, die Objekte anhand ihrer geografischen Lage gruppiert sowie einen Report zur Datenschutz-Geolokalisierung, der alle Datenquellen nach Produktionsort und dem Speicherort ihrer Kopien und/oder Repliken auflistet. Darüber hinaus steht ein Report zur Daten-Geolokalisierungs-Nichtübereinstimmung zur Verfügung, der alle Datenquellen auflistet, bei denen eine oder mehrere Kopien einen anderen Standort als die Produktionsdaten aufweisen.		
Weboberfläche für das zentrale Management (Veeam Enterprise Manager)	teils	ja	ja
	Webbasierte, konsolidierte Ansicht verteilter Umgebungen auf einer zentralen Konsole ohne Anmeldung auf den einzelnen Backup-Servern, einschließlich Erstellung eines Verbunds mehrerer Backup- Server, zentralem Reporting und konsolidierter Benachrichtigung. Alle Editionen bieten Features für das Monitoring und Reporting über mehrere Backup-Server hinweg sowie das Starten und Anhalten von Jobs. Die Enterprise- und Enterprise-Plus-Editionen bieten außerdem umfassende Features für das Job-Management und die Möglichkeit zur Wiederherstellung.		
Indizierung von Gastdateisystemen	teils	ja	ja
	Katalog mit Gastdateien für die unkomplizierte Suche nach einzelnen Dateien zur Wiederherstellung einer Datei ohne Kenntnis des genauen Speicherorts oder des Zeitpunkts ihrer Löschung. Alle Editionen stellen einen Katalog mit Gastdateien von Backups bereit, die derzeit auf Festplatte gespeichert sind. Die Enterprise- und Enterprise-Plus-Editionen beinhalten außerdem einen Katalog mit archivierten Backup-Dateien und ermöglichen durch die Integration in 1-Click Restore eine Wiederherstellung direkt über die Suchergebnisse.		

Tabelle 1-1: Funktionen der Editionen

Veeam Backup & Replication Feature	Standard- Edition	Enterprise- Edition	Enterprise- Plus-Edition
Unterstützung von vCloud Director[b]	teils	teils	ja
	Sicherung von vApp- und VM-Metadaten und -Attributen sowie Wiederherstellung von vApps und VMs direkt in vCloud mit vollständiger Unterstützung von Fast-Provisioning-VMs. Alle Editionen ermöglichen einen integrierten Einblick in die vCloud-Director-Infrastruktur, Backups über VeeamZIP (einschließlich Backups von vApp- und VM-Metadaten und -Attributen) und die direkte Wiederherstellung in vCloud. Die Enterprise-Edition unterstützt geplante inkrementelle Backup Jobs für vCloud-VMs sowie die Integration in das Portal des Kunden über RESTful API. Die Enterprise Plus Edition unterstützt Self-Services für die Sicherung und Wiederherstellung auf dem Mandanten über Enterprise Manager sowie die native vCloud-Director-Authentifizierung.		
Verschiedene Optionen für den Zugriff auf Speichersysteme	ja	ja	ja
	Backup und Replikation direkt von SAN- und NFS-Speichersystemen, über den I/O-Stack des Hypervisors oder über LAN		
Changed Block Tracking	ja	ja	ja
	Minimierung des Zeitaufwands für Backups und Unterstützung für häufigere Backups und Replikationen. Wird sowohl in VMware-vSphere- als auch in Microsoft-Hyper-V-Umgebungen unterstützt.		
File Manager	ja	ja	ja
	Integration des Dateimanagements (Veeam FastSCP™) in die Bedienerkonsole		
Quick Migration[c]	ja	ja	ja
	Migration von VMware-VMs zwischen Hosts und Speichersystemen mit VMware vMotion, Storage vMotion und der von Veeam bereitgestellten Migrationstechnologie		
Automatisierung von Aufgaben	teils	teils	ja
	Alle Editionen unterstützen PowerShell. Die Enterprise Plus Edition unterstützt außerdem RESTful API.		

a nur VMware vSphere

b nur VMware vSphere, jedoch auch native Unterstützung in Microsoft-Hyper-V-Umgebungen

c Einige Dateisysteme werden nur in VMware-vSphere-Umgebungen unterstützt.

In der freien Version stehen nur wenige der oben genannten Funktionen zur Verfügung. Einzelne VMs können manuell gesichert werden (Veeam-ZIP-Dateien), Wiederherstellung einzelner VMs, Dateien können kopiert, VMs können migriert werden und Wiederherstellung vom HP SAN (Lefthand und 3 PAR) sind möglich. Dateien können auf Band gesichert und Objekte aus Exchange und SharePoint können wiederhergestellt werden. Mit der Version 8 hinzugekommen sind die Unterstützung für NETAPP-Systeme und als Dedup Appliance HP Storeonce und EMC Data Domain inkl. DDBoost Support.

Ab der Version 9.0 werden auch Oracle-Datenbanken unterstützt, und der Tape-Support ist deutlich verbessert worden.

KAPITEL 2

Backup-Strategien

Im Gegensatz zu den Standard-Backup-Strategien wie Full Backup, Differenzielles und Inkrementelles Backup hat man bei Veeam zusätzlich die Auswahl von Reversed Incremental und Synthetischen Inkrementellen Sicherungen.

Full Backup

Bei einem vollen Backup werden jeden Tag alle Daten der VM gesichert. Dies hat den Nachteil, dass sehr viel Speicherplatz belegt wird und es sehr lange dauert, aber den Vorteil, dass im Falle einer herkömmlichen Wiederherstellung alle Daten schnell wieder bereitgestellt werden können.

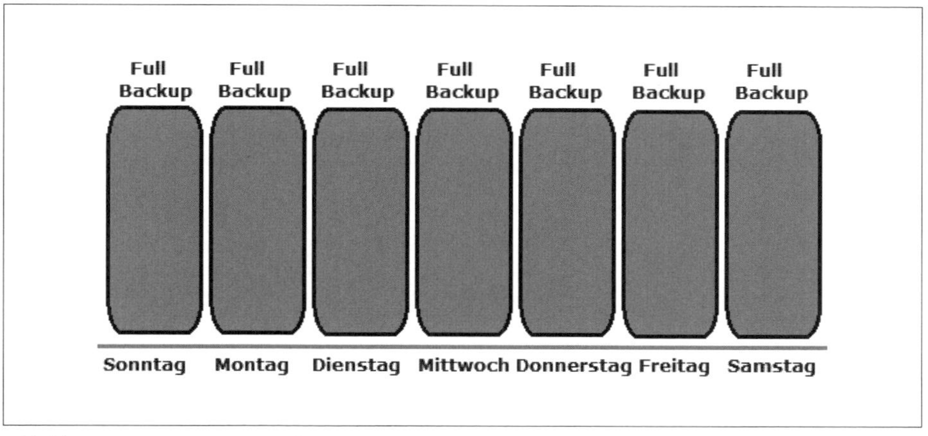

Abbildung 2-1: Datenmengen beim Full Backup

Inkrementelles Backup

Hierbei wird typischerweise sonntags ein Full Backup gemacht und in den Folgetagen werden nur die Unterschiede zum Vortag gesichert. Vorteil: wenig Speicherbedarf, aber hoher Zeitbedarf bei der herkömmlichen Wiederherstellung.

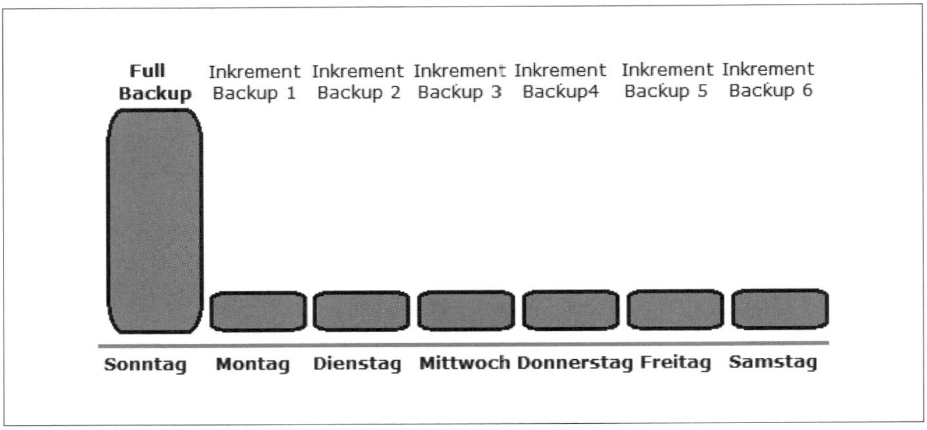

Abbildung 2-2: Datenmengen beim inkrementellen Backup

Differenzielles Backup

Hier wird ebenfalls meistens am Sonntag ein Full Backup gemacht und in den nächsten Tagen jeweils die Unterschiede (Differenzen) zum letzten Voll-Backup. Daraus ergeben sich ein nicht so großer Speicherbedarf wie beim Full Backup und eine nicht so lange Zeit der Wiederherstellung wie beim inkrementellen Sichern. Ein differenzielles Backup bietet Veeam nicht an.

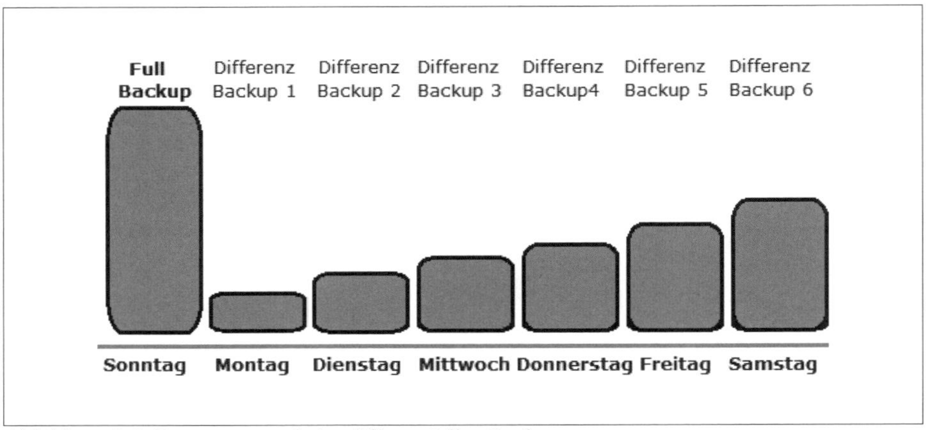

Abbildung 2-3: Datenmengen beim differenziellen Backup

Reversed Incremental Backup von Veeam

Auch hier wird zunächst ein Full Backup erstellt (Schritt 1) und an den nächsten Tagen jeweils ein inkrementelles. Jedoch werden täglich die Unterschiede zum Vortag extrahiert, das Full Backup errechnet und es steht damit an jedem Tag ein aktuelles Full Backup zur Verfügung:

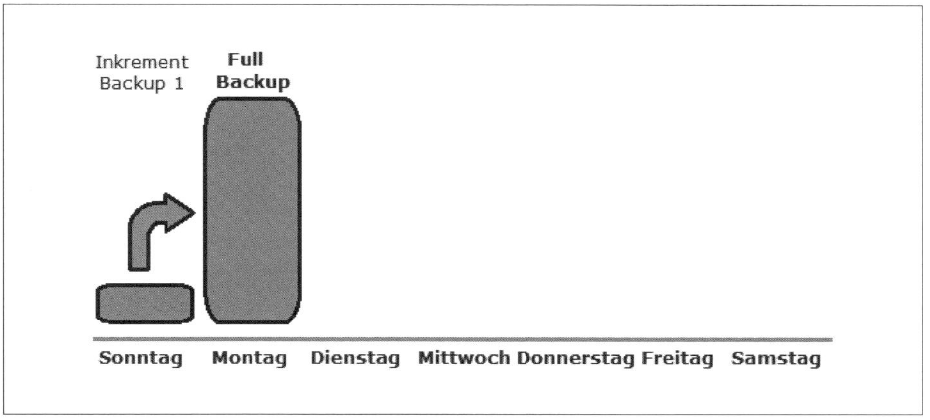

Abbildung 2-4: Schritt 2: Erstes Incremental Backup wird in Full Backup integriert.

Gerade bei sehr großen Datenmengen – typischerweise bei Fileservern – macht diese Auswahl Sinn, weil so jeweils nur ein Full Backup auf dem Datastore liegt, egal wie viele Restore Points man ausgewählt hat. Das Errechnen des synthetischen Full Backups benötigt allerdings sehr viel Zeit.

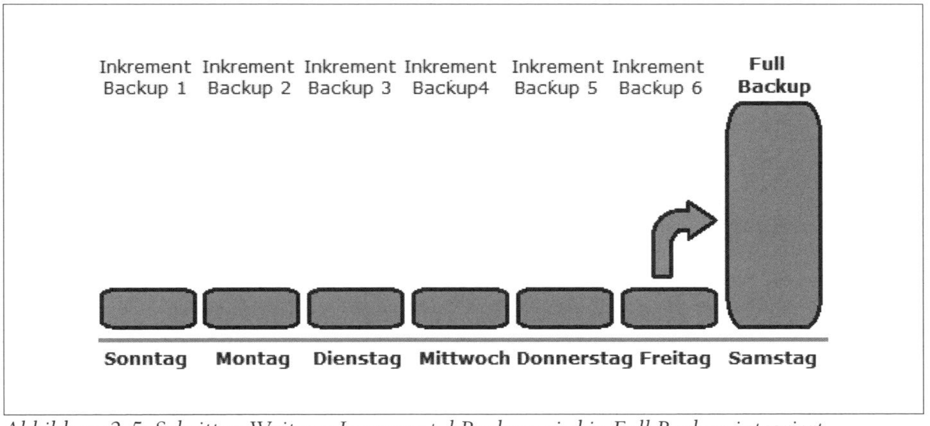

Abbildung 2-5: Schritt n: Weiteres Incremental Backup wird in Full Backup integriert.

Synthetisches Full Backup

Beim synthetischen Full Backup wählt man die Tage aus, an denen eine Integration des inkrementellen zum Full Backup hinzugefügt werden soll:

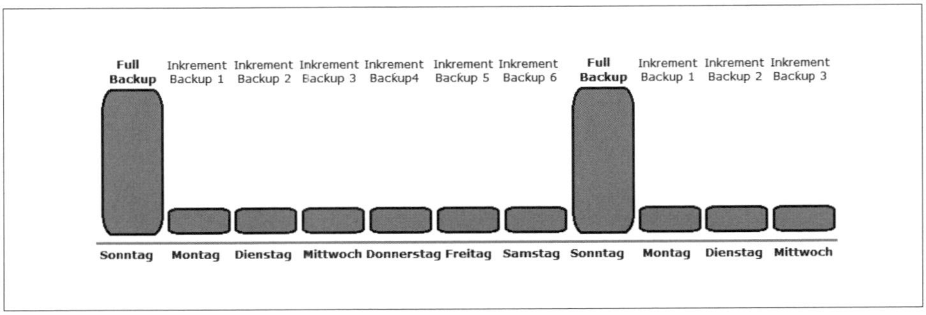

Abbildung 2-6: Die vorherige Kette wird zum synthetischen Full Backup.

Wiederherstellungszeiten

Bei üblichen Datensicherungsanwendungen macht es zum Teil einen erheblichen Unterschied, ob von einem Full Backup oder einem inkrementellen Backup die Wiederherstellung erfolgt, bei Veeam nicht.

Der Backup-Server holt sich zu dem gewünschten Restore Point den gespeicherten Katalog und sucht zu der VM die benötigten Blöcke heraus. Dabei ist es unerheblich, ob sich die Blöcke in einer Full-Backup-Datei oder einer Teilsicherung befinden.

Restore Points

Mit der Anzahl der Restore Points legt man fest, wie viele Sicherungen oder Replikate von der jeweiligen Maschine vorhanden sein sollen. Dabei ist die Häufigkeit der Jobs zu berücksichtigen: Wenn also ein Job jede Stunde zwischen 8:00 Uhr und 16:00 Uhr laufen soll und es muss auf dem Storage eine Woche der Daten vorhanden sein, so zählt man acht Sicherungen pro Tag und diese z.B. fünf Tage lang – macht 40 Restore Points.

Wenn Sie Restore Points festlegen, z.B. fünf, dann kann es sein, dass auf dem Datenspeicher mehr als fünf Wiederherstellungspunkte vorhanden sind. Das liegt daran, dass die zu einem Full Backup gehörenden inkrementellen Sicherungen erst gelöscht werden, wenn genügend neue unabhängige Sicherungen vorhanden sind.

Bei dem folgenden Beispiel möchte man fünf Restore Points haben, macht täglich (montags bis samstags) eine Sicherung und sonntags ein Full Backup. Die alte Kette (Full- und darauf basierende inkrementelle Backups) kann erst gelöscht werden, wenn die neue Kette ein Full Backup und vier inkrementelle Sicherungen enthält, also am Donnerstag nach der Sicherung:

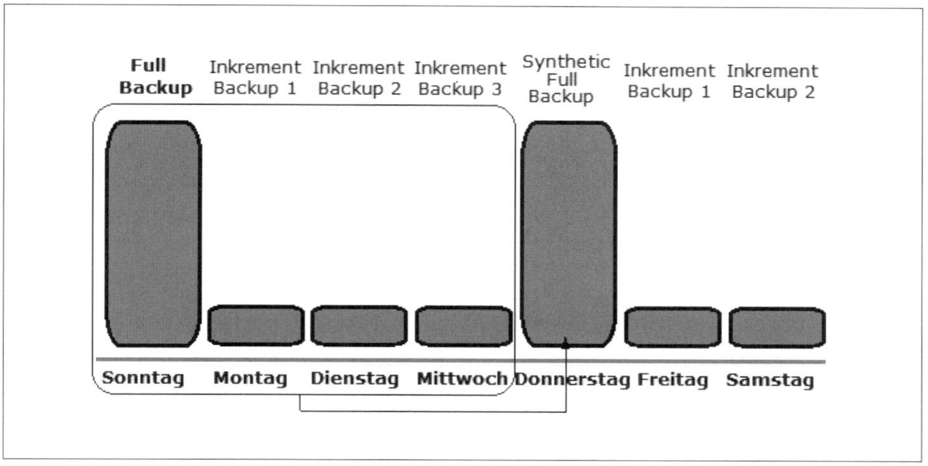

Abbildung 2-7: Abhängige Sicherungskette

Berücksichtigen muss man auch, welche Wiederherstellungsoptionen man hat. Wird man z.B. einen Domaincontroller nach einer Woche zurücksichern? Normalerweise nicht, da aber Veeam automatisch eine nicht autoritative Wiederherstellung vornimmt, wäre dies kein Problem. Vielleicht wird man auch einen aus Versehen gelöschten Eintrag aus dem Active Directory wieder brauchen, wie Gruppen, User oder andere Objekte, ohne den ganzen Server wiederherstellen zu müssen.

Machen Sie sich diesbezüglich auch Gedanken über Datenbankserver, Exchange und ähnliche Server.

Planen Sie auch für Ihre Fileserver eine Aufbewahrungsrichtlinie, die zu Ihrem Unternehmen passt. Fragen Sie sich, wie oft eine aus Versehen gelöschte Datei wieder gebraucht wird und wie lange es dauert, bis der Verlust aufgefallen ist.

Bedenken Sie auch dabei die Zeiten für die Wiederherstellung vom Datastore im Gegensatz zu einem Bandlaufwerk.

KAPITEL 3

Installation von Backup & Replication

Überlegen Sie sich, wo Sie den Backup-Server installieren: auf einer VM oder einer physischen Maschine. Auf jeden Fall sollte die Software nicht auf einem Rechner installiert werden, der Daten zur Sicherung enthält, also selber ein zu sicherndes Objekt darstellt.

Legen Sie den Datenträger in das DVD-Laufwerk der physischen Maschine ein oder verbinden Sie das ISO-Image mit der virtuellen Maschine.

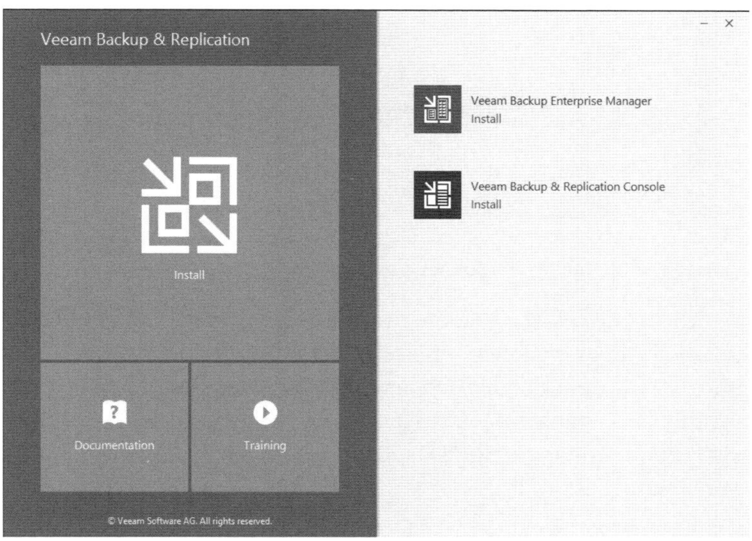

Abbildung 3-1: Funktionsschaltflächen beim Start der Installation

Klicken Sie auf die Schaltfläche Backup & Replication Install. Anschließend werden Sie ggf. aufgefordert, .NET Framework 4.5.2 zu installieren, welches dem Paket beiliegt.

Akzeptieren Sie die EULA und geben Sie den Ort zur Lizenzdatei (*.LIC) an, die Ihnen zugesendet wurde. Haben Sie keine, wird die Software in der freien Version installiert. Nach der Installation kann die Lizenzierung jederzeit über den Menüpunkt »Help – License« nachgeholt werden. Auch neue oder erweiterte Lizenzen werden hier eingespielt.

Nachdem Sie auf »Next« geklickt haben, werden in dem neuen Fenster drei Komponenten angezeigt. Das SDK bzw. die Erweiterung für die PowerShell ist mittlerweile standardmäßig integriert. Bestätigen Sie Ihre Auswahl mit »Next«.

Im nächsten Schritt haben Sie die Möglichkeit, die kostenlose, mitgelieferte SQL-Express-Version zu installieren oder zwei Fenster weiter einen bestehenden SQL-Server (ab SQL 2005 bis SQL 2014) für die Informationen des Systems anzugeben:

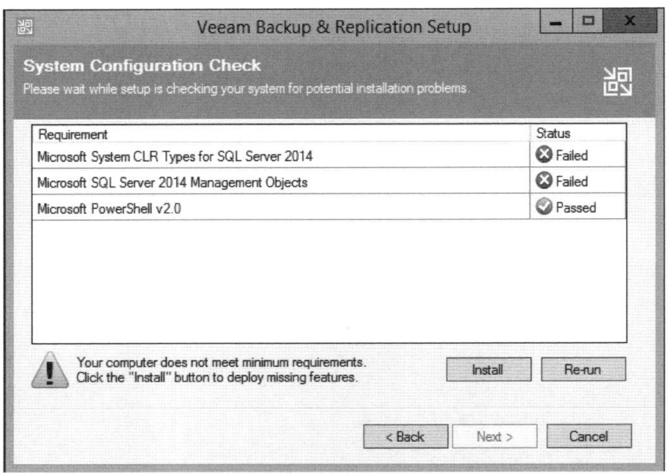

Abbildung 3-2: Systemvoraussetzungen nachinstallieren

Bei einem Klick auf Install werden die notwendigen Komponenten installiert. Anschließend wird ggf. nach einem Usernamen und Passwort gefragt, der NTFS-Berechtigungen auf dem lokalen Dateisystem hat und auch als Benutzer für den Zugriff auf die Datenbank fungiert. Ist ein entsprechender Benutzer angemeldet, wird dieser Punkt nicht angezeigt. Das Recht »Anmelden als« wird dem User automatisch verliehen.

Die beiden Ports 9392 und 9393 für die Backup-Dienste, die im Fenster angezeigt werden, sollten auf den meisten Systemen frei sein. Die Windows Firewall wird hierbei automatisch konfiguriert.

Üblicherweise können Sie auch die beiden angefragten Ordner für den VBRCatalog (indexing) und für vPower NFS wie vorgeschlagen abnicken und dann die Installation starten.

Im Hintergrund werden unter anderem noch folgende Tools mit installiert:

- Veeam Console
- Veeam Explorer for Exchange
- Veeam Explorer for SharePoint
- Veeam Explorer for Active Directory
- Veeam Explorer for Microsoft SQL und Oracle
- Veeam Backup PowerShell Snap-In
- HP StoreServ Plug-in
- HP StoreVirtual Plug-in

Der Veeam Backup Enterprise Manager (EM) ist eine mitgelieferte Management- und Berichtskomponente, die für mehrere Backup-&-Replication-Anwendungen eine zentrale Weboberfläche bietet. Darüber werden auch Replikationen für alle installierten Umgebungen realisiert, und er agiert dann als Lizenzserver für die Produkte von Veeam. Details zum EM finden Sie unter Kapitel 10 in diesem Dokument.

Produkt-Updates können übrigens unter www.veeam.com/patches.html nach der Anmeldung mit dem hinterlegten Account heruntergeladen werden.

Veeam-Dienste

Nach der Installation befinden sich sieben weitere Dienste für Veeam auf dem Server, davon sind vier (u.a. Veeam Guest Catalog Service und Veeam Backup Service) auf »Automatisch (Verzögerter Start)« gesetzt. Erst wenn alle Dienste gestartet sind, kann die Anwendung selber gestartet werden, was z.B. bei einem Neustart der Maschine bis zu fünf Minuten dauern kann.

Erstkonfiguration der Umgebung

Nach dem ersten Start erscheint eine Oberfläche mit Menüzeile und Symbolleisten (Ribbons), die je nach ausgewähltem Unterpunkt sich – ähnlich wie bei dem aktuellen Microsoft Office – kontextsensitiv ändern. Viele der dort enthaltenen Punkte können auch über Kontextmenüs mit der rechten Maustaste erreicht werden.

Bevor man ein Backup oder andere Jobs anlegen kann, muss man die Infrastruktur dafür zur Verfügung stellen. Dazu gehören der Backup-Server, ein Backup Proxy, das Backup Repository (Speicherplatz) und ein oder mehrere Hosts oder der vCenter Server bzw. Microsoft System Center Virtual Machine Manager (SCVMM).

Der Veeam Backup & Replication Server wird der Umgebung automatisch als Proxy, Repository und Backup-Server hinzugefügt. Für eine größere Umgebung kann man zusätzliche dedizierte Server für diese Aufgaben konfigurieren.

KAPITEL 4

Infrastruktur

DNS ist für den Backup-Server und die ggf. eingesetzten Proxies sehr wichtig. Die Namensauflösung des FQDN sollte vorwärts wie rückwärts funktionieren. Dabei müssen der vCenter Server bzw. der SCVMM und alle beteiligten Hosts erkannt werden.

Möchte man die Datensicherung vom Host nicht über das Verwaltungsnetzwerk bekommen, sondern über ein extra dafür eingerichtetes schnelleres Netzwerk, so kann man auf allen Veeam-Komponenten die lokale Hosts-Datei dafür nutzen und somit die Namensauflösung über den DNS-Server umgehen.

vCenter Server, SCVMM und Hosts

In einer kleinen Umgebung reicht es, als Nächstes den SCVMM, den Hyper-V Cluster oder den vCenter Server anzugeben, den Backup-Speicher und Anmeldeinformationen der angegebenen Server sowie die administrativen Accounts für die Sicherung von speziellen Maschinen, wie Exchange, SQL, Active-Directory-Domaincontroller etc.

Haben Sie keinen SCVMM, Hyper-V Cluster oder vCenter Server, so können Sie auch den oder die Hosts hier eintragen. Wird ein Host aber vom SCVMM oder vCenter Server aus bedient, so sollte dieser Host nicht zusätzlich hier eingetragen werden.

Klicken Sie links unten in dem grauen Bereich auf »Backup Infrastructure« und dann im oberen Bereich links auf »Managed servers«. In dem nun folgenden Fenster (siehe Abbildung 4-1) wählen Sie den SCVMM oder vCenter Server aus, indem Sie auf »Microsoft Hyper-V« oder »VMware vSphere« klicken. Bei der Erstinstallation erscheint dieses Fenster automatisch.

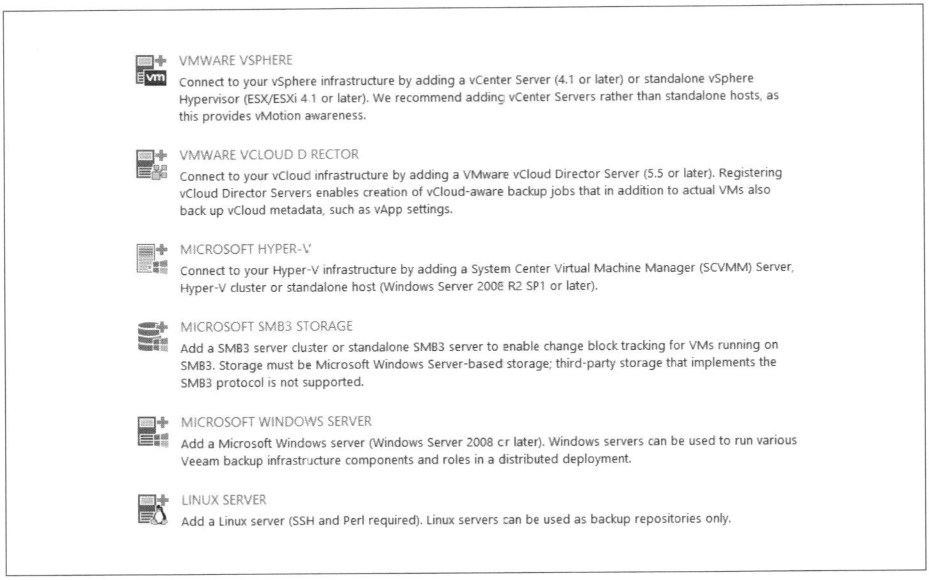

Abbildung 4-1: Virtuelle Infrastrukturkomponenten hinzufügen

Geben Sie den DNS-Namen des Management Servers an und klicken Sie auf »Next«. Im nächsten Fenster klicken Sie auf die Schaltfläche »Add« und geben dort die Domäne und den Namen des Zugriffsberechtigen an oder suchen Sie ihn über »Browse«. Vergessen Sie nicht, den Suchpfad auf die Domäne zu setzen und das Passwort einzutragen. Über den Link »Manage accounts« sehen Sie alle schon eingetragenen Benutzer und können diese ggf. entfernen, bearbeiten oder weitere hinzufügen. Anschließend versucht Veeam B&R eine Verbindung über den SSL Port 443 mit dem Server aufzubauen. Sehen Sie sich die Zusammenfassung an und klicken Sie auf »Finish«.

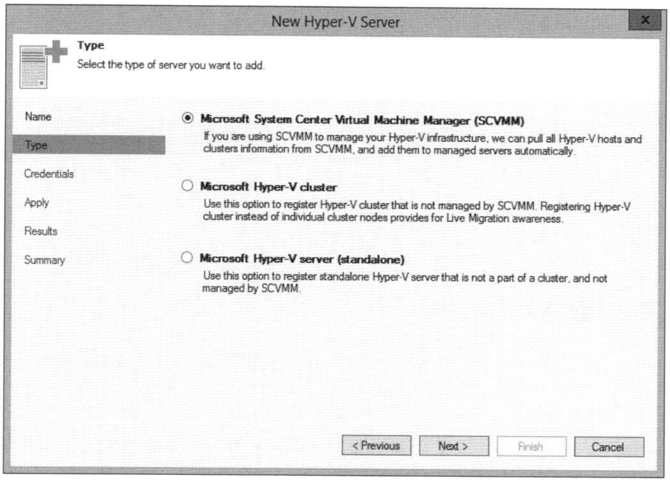

Abbildung 4-2: Hinzufügen weiterer Hypervisor

Sie können jetzt weitere SCVMM, vCenter Server oder auch alleinstehende Hosts (bei VMware: nur lizenzierte, keine kostenlosen) und einen Hyper-V Cluster nach Bedarf hinzufügen. Diese sollten aber nicht gleichzeitig auch zum hinzugefügten Management Server gehören, sonst wird eine VM doppelt gefunden.

Bei einem Windows-Server kann es sich hier nur um einen »Backup Proxy« oder ein »Backup Repository« handeln, bei einem Linux-Server nur um ein »Backup Repository«. Auf jedem weiteren Windows-Server werden der Veeam-Installer-Dienst und Veeam Transport installiert. Dafür müssen die Datei und die Druckerfreigabe aktiviert worden sein und ab Server 2012 ggf. die Ports in der Firewall freigeschaltet werden.

Repositories

Auf einem Backup-Speicher werden alle relevanten Dateien einer oder mehrerer VMs aus einem Backup Job abgespeichert. Ein solches Repository kann jeder Windows- oder Linux-Rechner, eine Windows-Freigabe oder auch eine oder mehrere lokale Festplatte(n) sein. Selbstverständlich können Sie die Daten auch auf ein NAS, SAN oder einem deduplizierenden Speicher ablegen, dieses sollte aber nicht gleichzeitig der Storage der virtuellen Infrastruktur sein, also auf dem die zu sichernden VMs liegen.

Klicken Sie unter »Backup Infrastructure« links oben auf den Eintrag »Backup Repositories« und dann auf »Add Repository«. In der Liste auf der rechten Seite ist der Standardspeicher bereits eingetragen, der aber meist nicht für große Datenmengen geeignet ist. Wählen Sie einen der vier zur Auswahl stehenden Typen aus, die nachfolgend beschrieben werden.

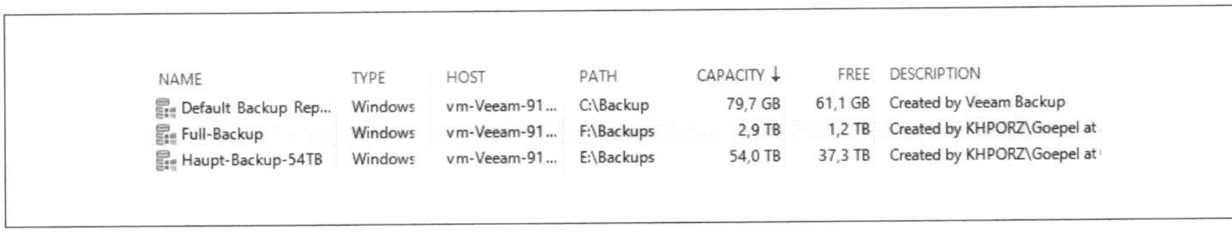

Abbildung 4-3: Datensicherungsspeicher angeben

Microsoft Windows Server

Geben Sie einen sprechenden Namen für den Speicher und ggf. eine Beschreibung an.

Ist es ein lokal angeschlossener Speicher, klicken Sie auf »Next« und wählen Sie ggf. die Schaltfläche »Populate«, um alle angeschlossenen Datenträger mit deren Kapazität und freiem Speicherplatz zu sehen.

Unter dem Punkt »Load control« können die maximal möglichen gleichzeitigen Tasks angegeben werden. Diese hängen von der Geschwindigkeit des jeweiligen Storage ab. Auch kann man die maximale Anzahl von Daten (in MByte pro Sekunde) angeben, damit der Datenspeicher nicht überfordert wird (meistens unnötig).

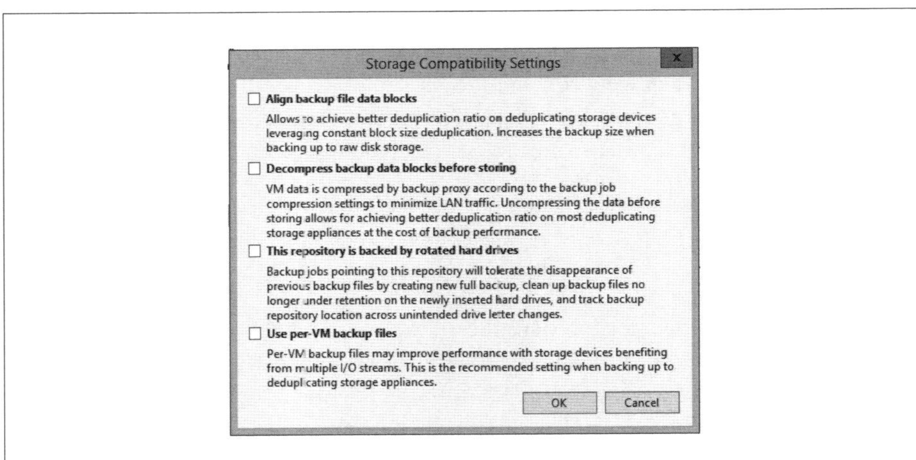

Abbildung 4-4: Erweiterte Einstellungen zum Repository

Hinter der Schaltfläche »Advanced« verbergen sich noch vier weitere Punkte:

- *Align backup file data blocks* bedeutet, dass bei Speichersystemen mit fester Blockgröße eine Ausrichtung der Daten an der 4-KByte-Grenze gemacht wird.

Damit kann zwar eine bessere Deduplizierung erreicht werden, aber auch eine höhere Fragmentierung und eine große Menge ungenutzten Speichers.

- *Decompress backup data blocks before storing* bedeutet, dass die Daten vor der Speicherung wieder ausgepackt werden. Veeam komprimiert die Daten vor der Übertragung auf einen Speicher, um die Performance zu steigern. Gepackte Daten lassen sich auf einem deduplizierten Speicher aber nicht so platzsparend ablegen.
- *This Repository is backed by rotated hard drives* bedeutet, dass die Speicherung der Daten z. B. auf verschiedenen externen Festplatten gemacht wird. Vergisst man diesen Punkt, so schlägt das übernächste Backup fehl, weil Veeam die vorherigen Daten nicht findet. Bei dieser Option wird immer ein Full Backup gemacht, wenn das letzte Medium nicht vorhanden ist bzw. ausgetauscht wurde. Das bedeutet auch, dass das Medium genug Platz für zwei Full Backups haben muss oder vor jedem Job geleert werden muss. Sind noch nutzbare Daten vorhanden, versucht der BS die bereits vorliegenden Blöcke zu nutzen und macht eine inkrementelle Sicherung. Diese beinhaltet alle Unterschiede zu den gefundenen Daten und kann je nach Stand der alten Sicherung sehr groß werden. Um vorherige Daten von dem Datenträger zu löschen, kann ein Skript genutzt oder es kann auch speziell für diesen Fall ein Eintrag in die Registry gesetzt werden (siehe Kapitel 15).
- *Use per-VM backup files* bedeutet, dass die Daten für einen deduplizierten Speicher optimiert abgelegt werden. Hierbei können mehrere I/O-Kanäle genutzt werden. Üblicherweise werden alle VMs in einem Job in einer einzelnen Datei auf das Repository geschrieben. Läuft nur jeweils ein Job für das Datastore, kann es sinnvoll sein, »Pro VM-Backup File« zu aktivieren, damit mehrere Streams die Übertragung zum Storage besser ausnutzen. Gerade auf einem deduplizierenden Store wird dies empfohlen, bei einem »Scale-out Repository« ist dies standardmäßig aktiv. Dafür sollte »Parallel Data Processing« aktiviert sein. Diese Option kann nicht für wechselnde Datenträger »This Repository is backed by rotated hard drives« eingesetzt werden, Data Deduplication ist dann nicht mehr pro Job, sondern pro VM. Als Lizenz braucht man hierfür Enterprise oder höher, sonst steht die Option nicht zur Verfügung, und Backups schlagen fehl, wenn die Lizenz nachträglich herabgestuft, also unter Enterprise eingespielt wird. Ändert man die Einstellungen nachträglich, so werden bestehende Backups auf dem Repository nicht geändert. Erst nach dem nächsten Full Backup (FB) ziehen die gemachten Einstellungen. Bei synthetischen Full Backups jedoch nicht; man kann hier aber ein manuelles FB starten, um die Änderungen zu aktivieren.

Bei den »Retention Points« wird ebenfalls der Job berücksichtigt, nicht die VM. Sind im Job drei VMs, wobei eine nur zwei Mal richtig gesichert wurde, die anderen fünf Mal, so werden bei der sechsten Sicherung trotzdem alle Wiederherstellungspunkte der drei VMs gelöscht!

vPower NFs kann im nächsten Abschnitt gewählt werden. Handelt es sich um den lokalen Server, so kann man hier auf »Next« klicken. Ist es aber ein entfernter Windows-Speicher, so sollte dort auch diese Komponente installiert werden (über Add Server). Über vPower NFS kann man aus dem Backup-Speicher heraus VMs direkt auf einem Host starten und später dann verschieben (Instant VM recovery).

Sind auf diesem Speicher noch ältere Sicherungen von Veeam, so können diese jetzt importiert werden (Kästchen anklicken).

Linux-Server

Haben Sie den zweiten Typ gewählt, so kann sein interner, ein an ihn direkt angeschlossener oder ein NFS-Speicher dafür in Frage kommen. Klicken Sie auf die Schaltfläche »Add new« und geben Sie den DNS-Namen oder die IP-Adresse des Servers ein. Ein SSH-Zugriff über den Port 22 muss dabei möglich und es muss über den Account ein Schreibzugriff erlaubt sein. Handelt es sich um einen alleinstehenden NFS Storage, so muss dort ggf. noch Pearl installiert werden.

Shared Folder

Eine Windows-Freigabe über SMB (Server-Message-Block-Protokoll) oder CIFS (Common Internet File System) wird über einen UNC-Pfad hinzugefügt, also z. B. `\\Servername\Freigabname`. Geben Sie ggf. hierfür notwendige Berechtigungen ein und überlegen Sie sich bei langsamen Verbindungen, ob ein zusätzlicher Gateway-Server (Proxy) dafür genutzt werden soll.

Deduplicating Storage Appliance

Wenn das hinzuzufügende Repository selbst dedupliziert, müssen Sie den letzten der vier Punkte auswählen, ansonsten schlägt die Sicherung darauf fehl. Unterstützt werden zurzeit Dell EMC Data Domain, ExaGrid und HP StoreOnce. Wählen Sie im nächsten Fenster Ihren Storage und füllen Sie die benötigten Felder entsprechend aus. Ist der Storage über Fibre Channel (FC) angeschlossen, so denken Sie zusätzlich an das Zoning für den Zugriff.

Archive Repositories

Erst ab der Version 10 werden sogenannte Archive Repositories für die Langzeitarchivierung als »Scale-out Repositories« angeboten – welche man statt der Sicherung auf Bandlaufwerke konfigurieren kann. Hierbei wird es möglich sein, Daten ab einem bestimmten Zeitpunkt (z. B. 30 Tage) dorthin verschieben zu lassen. Es ist also kein zusätzlicher Job mehr für diese Aufgabe notwendig.

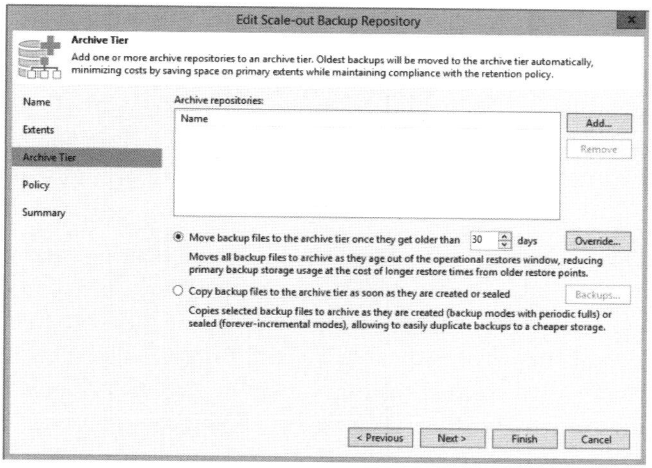

Abbildung 4-5: Scale-out Archive Repositories

Vorteile des Deduplizierungsspeichers

Die von Backup & Replication verwendete Deduplizierungs-Speichertechnologie wurde von Veeam selbst entwickelt und ist in die Anwendung integriert. Diese Technologie wertet auf dem Sicherungsspeicher vorhandene Blöcke aus, die in Wiederherstellungspunkten gespeichert werden, und überprüft, ob identische Abschnitte bereits vorhanden sind.

Speichern Sie gleiche Maschinen möglichst im selben Job, damit mehrere Sicherungsaufgaben über die Deduplizierungs-Speichertechnologie besser zusammengefasst und die Deduplizierungsraten maximiert werden. Sie müssen aber nicht alle gleichartigen VMs in derselben Sicherungsaufgabe zusammenfassen – die Deduplizierung funktioniert darüber aber deutlich besser.

Die Deduplizierung wird für alle gespeicherten virtuellen Maschinen ausgewertet, selbst wenn einige zurzeit nicht gesichert werden; es werden aber nur identische Blöcke innerhalb einer Sicherung berücksichtigt.

Es können Speicherplätze für die Sicherungen von fast beliebiger Größe angegeben werden, und die Anzahl ist jeweils nur auf das Betriebssystem beschränkt, auf dem Sie installieren.

Die Menge des benötigten Speichers für die Sicherungen variiert je nach der Menge an Festplattenspeicher, den die Deduplizierung durch die Ausführung von ähnlichen virtuellen Maschinen sparen kann.

Haben Sie als Repository einen deduplizierenden Storage gewählt, macht Veeam hier keine zusätzliche Deduplizierung.

Proxies

Bei der Installation des B&R-Servers wird dieser auch automatisch zu einem Backup Proxy. In größeren Umgebungen oder bei speziellen Anforderungen sollten zusätzliche Windows-Maschinen (physisch oder virtuell) als Proxy z.B. für einen Lastausgleich installiert werden. Der Backup Proxy befindet sich logisch zwischen der virtuellen Umgebung und dem Backup-Server und wird von diesem gesteuert.

Ein Backup Proxy wird auch als »Data Mover« bezeichnet und erhält die Daten, bearbeitet sie und transferiert diese auf den Zielspeicher. Ein Proxy entlastet den Backup-Server, da er die Daten für die Speicherung bereits vorbereitet. Je größer eine virtuelle Umgebung ist, umso mehr Backup Proxies sollte man einsetzen. Der »Transport Mode« wird beim Hinzufügen eines Servers meistens richtig erkannt: direkter Zugriff auf SAN, Virtual Appliance oder Netzwerk.

> Den Transportmodus kann man nicht beim Backup Job auswählen, sondern nur beim Backup Proxy. Bei einem Job können Sie aber den jeweiligen Proxy mit eingestelltem Modus festlegen.

Möchte man über langsame Verbindungen einen Datenaustausch machen, so kann man hier auch die Bandbreite (Throttling) einstellen.

Die Installation des Proxies erfolgt vom Backup-Server aus und kann – je nach Bedarf – auf einem physischen oder virtuellen Windows-Rechner erfolgen.

Seine Aufgaben sind: VM-Daten vom Produktions-Storage zu holen, diese zu komprimieren und zu deduplizieren, ggf. zu verschlüsseln und anschließend an das Backup Repository oder an einen anderen Proxy (WAN-Strecken oder Replikation) zu senden.

Ein Proxy kann für verschiedene Aufgaben oder Zwecke eingesetzt werden:

- eine optimale Route zu einem verzweigten Netzwerk
- direkter Zugriff auf ein Storage
- von der Architektur her näher an den VMs
- etc.

Wenn Sie Lizenzen für einen Windows-Server einsparen wollen, können Sie auch eine Workstation Edition als Proxy nutzen. Nehmen Sie hier möglichst ein 64-Bit-Betriebssystem und entsprechenden RAM und Anzahl an CPUs. Die Anforderungen an einen Proxy sind dabei relativ gering: 200 MByte RAM pro zu verarbeitenden Task reichen mittlerweile aus. Haben Sie einen Proxy mit vielen CPUs, können Sie den »default compression level« auf »Optimal« einstellen, um Daten schneller übertragen zu können. Dabei wird die CPU-Last ca. um das Doppelte steigen, aber die Daten werden ca. um die Hälfte schrumpfen. Diese mit der Version 9.5 eingesetzte Technik nennt sich »Advanced Data Fetcher« und entlastet die virtuelle Umgebung durch die Reduzierung von I/O-Operationen wesentlich.

Wenn Sie mehrere Proxies einsetzen, sollten Sie den Backup-Server nicht als Proxy und wenn möglich auch nicht als Repository laufen lassen. Dies lässt sich nachträglich in der Infrastruktur leicht erledigen.

On- und Off-Host Proxies

Nur unter Hyper-V gibt es den Unterschied zwischen diesen beiden Versionen des Proxies. Grob gesagt befindet sich der On-Host Proxy auf dem Hyper-V-Server, der Off-Host Proxy auf einem anderen Windows-Rechner.

Der Off-Host Proxy entlastet den Hyper-V-Server, indem er einen Volume-Snapshot auf dem Host initiiert, auf dem die zu sichernde VM liegt. Diesen Snapshot bindet er sich als Quelle direkt an, verarbeitet die Daten und transferiert diese zum Repository. Ist der Vorgang abgeschlossen, wird der Snapshot gelöst und anschließend gelöscht.

Achten Sie bei der Auswahl des Off-Host Proxies auf das Häkchen bei »Failover«, das gesetzt sein sollte (siehe Abbildung 4-6).

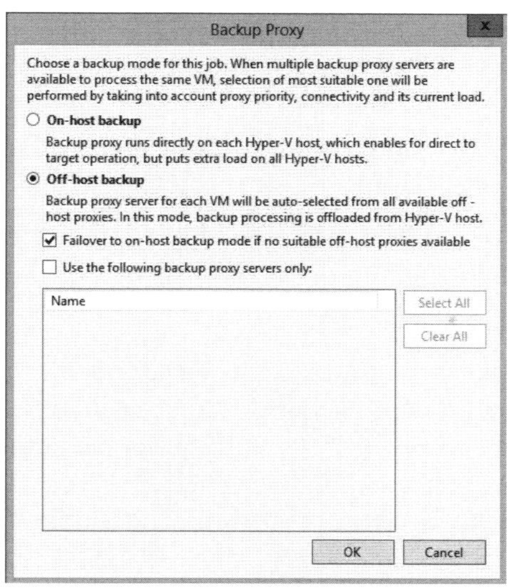

Abbildung 4-6: Hyper-V Off-Host Proxy

Auf einem Hyper-V Cluster mit CSV (Cluster Shared Volumes) darf ein Off-Host Proxy nicht zum Cluster gehören. Da der Snapshot dieselbe LUN-Signatur hat wie das Volume, muss er außerhalb des Clusters verarbeitet werden, ansonsten kann das Cluster ausfallen.

WAN Accelerators

Für eine WAN-Strecke wird eine Internetverbindung von 5 MBit/s benötigt. Bei der Enterprise-Plus-Version kann man dann sogenannte WAN Accelerators einsetzen, die ein besonderes Komprimierungsverfahren nutzen. Diese können den Datenverkehr um bis zum 50-fachen beschleunigen.

Die WAN Accelerator werden immer als Paar eingesetzt: einer an der Quellseite, der andere an der Zielseite, die die zu übertragenden Daten cachen und deduplizieren – deshalb sollte die Maschine genug Festplattenspeicher haben (üblicherweise 10 GByte pro eingesetztem Betriebssystem und zusätzlich 20 GByte pro TByte-Daten auf der Zielseite). Die Installation wird wie beim Proxy beschrieben direkt vom B&R-Server auf einer 64-Bit physischen oder virtuellen Windows-Maschine durchgeführt. Ein bereits bestehender Proxy oder ein Repository-Server kann diese Aufgabe auch zusätzlich übernehmen, wenn er mindestens 8 GByte RAM hat.

Wenn Sie einen Ziel- oder Quell-WAN-Beschleuniger zur Umgebung hinzufügen, sollten Sie bei den Bemerkungen (Description) unbedingt etwas eintragen, weil dieser Text, z.B. Quelle oder Ziel, auch bei der Auswahl bei einem Job erscheint – das macht die Arbeit einfacher.

Transportmodi

Um an die Daten der VMs zu kommen, gibt es drei verschiedene Möglichkeiten:

1. Direct Storage Access – direkter Zugriff auf das Storage über das jeweilige Protokoll (FC, FCoE, iSCSI, NFS)
2. Virtual Appliance – Anbinden der VM-Festplatte der zu sichernden VM an den eigenen SCSI-Adapter
3. Network – über das Netzwerk

Welcher der drei Modi genommen wird, entscheidet der Backup-Server oder Proxy selber, wobei man beim Backup Job dies auch einstellen bzw. erzwingen kann. Werden keine manuellen Einstellungen vorgenommen, so überprüft der Backup-Server die Möglichkeiten und entscheidet sich für das Beste in folgender Reihenfolge: Direct Storage Access, Virtual Appliance oder Network (NBD = Network Block Device).

Bei VMware erfolgt der Zugriff bei allen drei Möglichkeiten über die Softwareschnittstelle VADP (vSphere API for Data Protection), weshalb ein kostenloser ESXi hier nicht eingesetzt werden kann.

Direct Storage Access

Veeam Backup & Replication kann Daten direkt vom/zum Storage-System, auf dem die VMs oder Backups liegen, lesen und schreiben. Es wird weiterhin über das Protokoll SCSI (SAN), NFS (NAS) und SMB3 (Windows Freigabe) unterschieden, wie im Folgenden erklärt.

Direct SAN Access (DSA)

Diese Zugriffsart wird empfohlen, wenn die zu sichernden VM-Daten auf einem gemeinsamen SAN Volume liegen, welches über Fibre Channel (FC), Fibre Channel over Ethernet (FCoE), Internet SCSI (iSCSI) angeschlossen ist oder auf einem gemeinsam genutzten DAS Storage (Direct Attached Storage, SAS oder SCSI) liegen. Bei diesen Zugriffen wird weder der Host noch das Netzwerk belastet, und die Übertragungsgeschwindigkeit ist meist deutlich höher als bei den anderen Möglichkeiten.

Dieser Modus kann für Backups, Replikationen, Wiederherstellung von VMs oder deren Dateien und Replica Failback eingesetzt werden.

Voraussetzungen für DSA

Um eine optimale Geschwindigkeit zu bekommen, sollte es sich bei der Maschine für DSA um eine physische Maschine handeln (iSCSI über eine VM ist nicht sinnvoll, weil dieses wiederum den Host belastet). Weiterhin muss diese über einen Hardware- oder Software-HBA (Host Bus Adapter) verfügen. SAN Volumes müssen für das Betriebssystem des Rechners sichtbar sein, es darf aber keine Initialisierung der Datastores erfolgen, weil diese sonst für die Hosts unbrauchbar wären. Veeam setzt die SAN-Berechtigung automatisch auf »Offline Shared«, um so eine Änderung zu verhindern. Für eine Wiederherstellung muss der Zugriff aber schreibend erlaubt werden. Überdenken Sie dabei die Berechtigungen für User auf so einem Gerät. Verwenden Sie lieber wenige, aber stärkere Proxies für diesen Zugriff.

Begrenzungen beim DAS

- Ein VMware vSAN kann hier nicht genutzt werden, hier muss einer der anderen beiden Modi zum Tragen kommen.
- Ebenfalls werden virtuelle Volumes (vVol) von Veeam nicht unterstützt. VMs werden über DSA nicht gesichert, wenn auch nur eine der VM-Platten auf so einem Storage liegt.
- Bei einer Replikation wird nur beim ersten Mal in diesem Modus geschrieben, gelesen wird immer so.
- Beim DSA werden nur Thick-, keine Thin-Provisioning-Festplatten berücksichtigt, wohl aber das »Thin Provisioning« vom Storage selber.

- Eine inkrementelle Wiederherstellung wird nicht unterstützt. Wenn man CBT (Changed Block Tracking) deaktiviert, funktioniert allerdings die Wiederherstellung, oder man nutzt einen der anderen beiden Modi.
- Ab vSphere 5.5 werden auch IDE- und SATA-Festplatten unterstützt, bei 5.1 und älter nur lesend – nicht schreibend.
- Die »Advanced Data Fetcher«(ADF)-Technologie (entlastet die VMware-Umgebung durch die Reduzierung von I/O-Operationen) kann hier nicht genutzt werden, außer es werden Snapshots vom Storage genommen (empfohlen).

> Wenn Sie iSCSI-Verbindungen nutzen, sollten Sie zum einen die »TCP-Windows Size« in der Registry auf 65.500 setzen (HKLM\SYSTEM\CurrentControlSet\Services\Tcpip\Parameters\GlobalMaxTcpWindowSize) und das »autotuning« deaktivieren: [netsh interface tcp show global] zum Anzeigen der Einstellungen, [netsh interface tcp set global autotuning = disable] zum Abschalten.

Direct NFS Access

Werden VMs auf einem NFS Storage betrieben, sollte für den Veeam Backup & Replication Server der direkte Zugriff auf die Volumes ermöglicht werden, um den ESXi Host zu entlasten (Microsoft unterstützt kein NFS-Protokoll). Veeam bringt einen optimierten nativen NFS Client mit, der für Backups, Replikationen, Quick Migration, VM Copy, vollständiges Wiederherstellen einer VM, Festplatten-Wiederherstellung und das Replica Failback genutzt wird. Im Gegensatz zum DAS wird hier die Advanced-Data-Fetcher-Technologie unterstützt. Gerade bei Hyper Converged Systems sollte diese Zugriffsart genutzt werden.

Es kann sowohl das Protokoll v.3.0 als auch v.4.1 genutzt werden. Sind am ESXi die NFS Volumes mit Namen statt IP-Adresse verbunden, muss der Backup-Server diese Namen auflösen können (ggf. eine lokale Hosts-Datei verwenden).

Direkter NFS Zugriff kann nicht verwendet werden, wenn die VM schon einen Snapshot hat, und bei der Replikation geht das Updaten nicht. Der Zugriff geht ebenfalls nicht, wenn VMware Tools quiescense beim Job aktiviert wurden. In allen Fällen, in denen der NFS Zugriff nicht funktioniert, werden die Daten übers Netzwerk übertragen.

Über die Einstellungen beim Proxy kann man den Transportmodus auswählen (siehe Bild). Der Proxy muss lesend und schreibend auf die NFS Volumes zugreifen können und Root-Rechte besitzen.

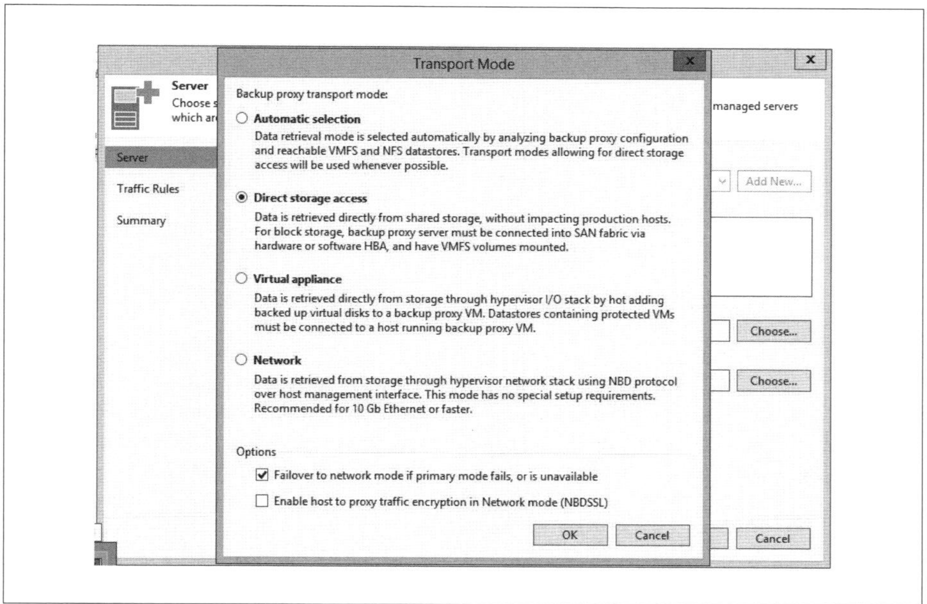

Abbildung 4-7: Wählbare Transportmodi

SMB3-Speicher

Unter Hyper-V können VMs auch auf einem Windows 2012 (oder höher) Cluster oder einer Standalone-Freigabe laufen, im Gegensatz zu VMware vSphere. Veeam unterstützt die Sicherung von diesen Speichern, weshalb sie (Microsoft SMB3 Server) zusätzlich zu den Hosts zur Bestandsliste hinzugefügt werden sollten. Anderenfalls kann das bereits oben beschriebene CBT-Verfahren nicht für diese VMs genutzt werden. Eine Ausnahme bildet dabei der Server 2016: Hier muss die Freigabe nicht hinzugefügt werden, sollte aber, damit man mehr Kontrolle (maximale Anzahl an Snapshots und die Latenz-Kontrolle) über diesen Storage bekommt.

Appliance-Modus

Der virtuelle Appliance-Modus ist nur bei vSphere vorhanden und nicht so effektiv wie die DSA-Modi, aber besser als der Netzwerkmodus. Dafür wird eine VM als Proxy eingesetzt, die sich die Festplatten der zu sichernden VMs lokal an seinen SCSI-Adapter mountet (HotAdd). Da die Daten direkt vom ESXi Storage kommen, ist es ähnlich wie bei DAS – nur dass der Stack vom Host verwendet wird. Dieser Modus kann für Backup, Replikation, VM Copy, Quick Migration, vollständige VM-Wiederherstellung, Festplatten-Wiederherstellung und Replica Failback genutzt werden. Gerade für das schnelle Wiederherstellen ganzer VMs wird dieser Modus empfohlen, zumal jede Storage-Art hier Unterstützung findet. Wenn möglich, sollte in großen Umgebungen pro Host – zumindest pro Cluster – je ein Proxy dafür eingesetzt werden.

Einschränkungen:

- Bei vSphere 5.1 und älter darf die VMDK-Datei nicht größer als 1,98 TByte sein.
- IDE-Festplatten werden nicht unterstützt.
- Für das HotAdd werden keine paravirtuellen SCSI-Adapter auf der Appliance unterstützt.
- Erst ab vSphere 6.0 werden SATA-Festplatten unterstützt.

Dieser Modus ist die einzige Möglichkeit für VMs, die auf vSAN Volumes liegen oder verschlüsselt sind.

> Achten Sie darauf, dass Ihre Appliance keinen paravirtuellen SCSI-Adapter hat, da dieser für das HotAdd nicht unterstützt wird. Fügen Sie ggf. einen weiteren SCSI-Adapter zum Proxy hinzu. Überprüfen Sie auch regelmäßig, ob die Festplatten der zu sichernden VMs korrekt wieder gelöst wurden, sonst bleibt ein Snapshot zurück und die Platten müssen manuell konsolidiert werden. Bitte nicht bei NFS Storages einsetzen, nehmen Sie lieber Direct NFS Access oder setzen Sie den Registry Key »HKLM\Software\Veeam\Veeam Backup and Replication\EnableSameHostHotaddMode« (DWord, Wert 2) ein! Proxies sollten nicht geklont werden, das Ausrollen von Templates für diesen Zweck geht aber.

Netzwerkmodus

Diese Variante kann für jegliche Infrastruktur genutzt werden. Bei diesem Modus werden die Daten über den Host über das Netzwerk (NBD = Network-Block-Device-Protokoll) übertragen. Dieses ist die langsamste Möglichkeit für den Backup-Server, aber die einzige Art, wenn man einen physischen Proxy und lokale Platten auf dem Host hat. Die zu sichernden Daten werden nach dem Snapshot der VM vom Host gelesen und über das Netzwerk (Management Network = Verwaltungsdatenverkehr) an den Proxy geliefert. Der Host drosselt dabei die Übertragungsrate auf ca. 25 MByte/s bei 1-GBit-Adaptern für NBD und NBDSSL. Auch hier ist die ADF-Funktion nicht nutzbar.

Für kleine Übertragungsdaten und bei 10 GE (Gigabit Ethernet) ist das eine gute Möglichkeit, bei NFS Storages und für komplette Wiederherstellungen von VMs sollte es aber trotzdem nicht verwendet werden.

Veeam Backup & Replication kann mehrere Festplatten von VMs parallel verarbeiten, auch wenn diese auf unterschiedlichen Storages (SAN und lokal) liegen. Wichtig ist, dass man bei den Modi »Failover to network mode if primary transport modes fail or are not available« beim Proxy auswählt bzw. den Standard (angeklickt) lässt (siehe Abbildung 4-8).

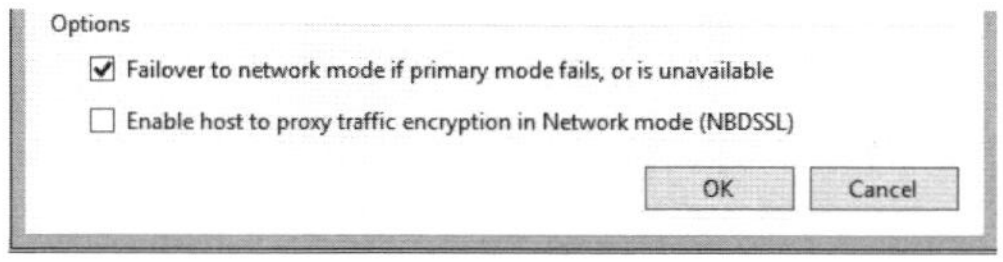

Abbildung 4-8: Rückfall zum Netzwerkmodus

Transportmodi-Übersicht

In der folgenden Tabelle 4-1 werden die einzelnen Modi nochmals zusammengefasst und verglichen:

Tabelle 4-1: Transport-Modi

	Direct SAN	SAN+BFSS	Direct NFS	HotAdd	NBD
ADF	nein	ja	ja	ja	nein
Geschwindigkeit	schnell	schneller	schneller	schneller	langsam
Beeinflussung	wenig	weniger	weniger	hoch	hoch
Zuverlässigkeit	gut	sehr gut	sehr gut	schlecht	sehr gut
Unterstützung	gut	sehr gut	sehr gut	gut	gut

Dabei bezeichnet SAN Storage Area Network (bei Fibre Channel und iSCSI), BFSS Backup From Storage Snapshots, NBD Network-Block-Device-Protokoll und ADF Advanced Data Fetcher, wie bereits oben beschrieben.

Menüeinstellungen

In dem Hauptmenü, welches links oben durch drei waagerechte Balken erreichbar ist, werden einige grundsätzliche Einstellungen zum Backup-Server eingerichtet. Vieles davon erreichen Sie auch an anderen Stellen – anderes jedoch nicht.

Der Punkt Upgrade ist ausgegraut, wenn es keine aktualisierte Version gibt. Nachrichten über fehlende Patches sehen Sie in der Konsole unter dem Eintrag »Backup Infrastructure« durch einen nur dann erscheinenden Punkt »Missing Updates«.

Manage Credentials

Nach einem Klick auf diese Option öffnet sich ein neues Fenster, in dem alle bisher eingetragenen Benutzer zentral angezeigt, gelöscht und bearbeitet werden können. Veeam selber trägt dort mindestens zwei Linux-User ein, die für das Wiederherstellen von Dateien unter Linux und für andere Aufgaben (z. B. Microsoft Azure) genutzt werden. Diese sollten Sie nur bearbeiten, wenn Sie sich sicher sind, dass sich die Anmeldedaten o. Ä. geändert haben.

Alle User, die während der Erstellung der Jobs hinzugefügt werden, erscheinen automatisch auch in diesem Fenster.

Credentials löschen

Wenn Sie einen User oder eine Gruppe entfernen wollen, so müssen alle Jobs, die diesen Account nutzen, vorher geändert werden. Klicken Sie dazu in dem Fenster auf den Benutzer oder die Gruppe und anschließend auf »Edit« oder »Remove«. Im nächsten Fenster sind alle Namen aufgelistet, bei denen Berechtigungen für diesen Account vergeben wurden. Dies kann der Zugriff auf den vCenter oder einen anderen Server sein, ein Job für »Application Aware Image Processing«, der SysAdmin für Oracle, eine SMB/CIFS-Freigabe, eine DataDomain, ein StorageOnce oder auch ein NAS-Laufwerk (Shared Folder). Sie müssen zunächst bei jedem der aufgelisteten Einträge andere Berechtigungen vergeben, bevor Sie die Credentials löschen können.

Manage Passwords

Dieser Punkt ist für die Aktualisierung oder Änderung der Passwörter bei Verschlüsselungen gedacht. Sollten Sie schon einen Job mit Verschlüsselung angelegt haben, so wird hier der Hinweis (Hint) und das Datum der letzten Änderung angezeigt. Sollten Sie die Verschlüsselung eingesetzt haben und das Passwort nicht mehr wissen, so kann diese Sicherung nicht mehr entschlüsselt werden. Beachten Sie auch die Ausnahmen, die ich hierzu in Kapitel 10 Enterprise Manager (weiter unten) geschrieben habe.

Manage Azure Accounts

Falls Sie Microsofts Cloud Azure nutzen, können Sie hier Angaben zum Azure Resource Manager hinzufügen. Dafür muss auf dem Server bereits die Azure PowerShell installiert sein. Bei älteren Verträgen oder zur Fehlersuche kann auch noch der klassische Zugriff eingerichtet (versucht) werden. Hierfür benötigen Sie dann die Konfigurationsdatei (subscription configuration file), aus dem Veeam die notwendigen Informationen ausliest.

General Options

Hier werden auf fünf Registerkarten allgemeine Einstellungen vorgenommen:

I/O Control

Das Häkchen bei »Enable parallel processing« ist standardmäßig gesetzt. Dadurch können mehrere Aufgaben gleichzeitig (parallel) verarbeitet werden.

Das Kästchen bei »Enable storage latency control« ist üblicherweise nicht angehakt. Dieser Punkt sollte auch nur genutzt werden, wenn der Datenspeicher häufig überfordert ist. Dann kann man Veeam dazu veranlassen, keine neuen

Aufgaben zum Storage zu senden, wenn die Wartezeit (Latenz) schon bei 20 ms angekommen ist, und/oder bereits laufende Prozesse werden ab 30 ms gedrosselt. Einzelne Repositories lassen sich nur mit der Enterprise-Plus-Lizenz einstellen.

E-Mail Settings

Möchte man E-Mail-Nachrichten bekommen, wenn die jeweiligen Jobs beendet wurden, so kann man hier die dafür notwendigen Einstellungen vornehmen – das lässt sich auch bei jedem Job manuell einstellen, falls man individuelle Informationen zugeschickt bekommen möchte. Setzen Sie das Häkchen bei »Enable e-mail notifications« und füllen Sie die benötigten Felder aus. Im Feld »Subject« stehen einige Platzhalter für das Ergebnis (Success, Warning oder Error), der Name des Jobs, die Anzahl der im Job enthaltenen Objekte und ggf. Fehler.

Im unteren Teil sind standardmäßig alle vier Kästchen angehakt. Das betrifft Meldungen bei Erfolg, Warnungen und Fehler sowie das Unterdrücken von Fehlernachrichten bis zum letzten Versuch. Überlegen Sie sich, ob Sie die Fehler schon beim ersten Fehlversuch bekommen möchten, und nehmen Sie das Häkchen dort ggf. raus.

SNMP Setting

Auf dieser Registerkarte können bis zu fünf Empfänger für SNMP Traps eingetragen werden. Unabhängig davon kann der Server natürlich auch über SNMP auf dem Port 161/162 abgefragt werden.

Notifications

Sowohl bei SNMP als auch bei E-Mail werden einstellbare Informationen gesendet, wenn der Backup Storage (Repository) weniger als 10% freien Speicherplatz aufweist und wenn das Volume der zu sichernden VM weniger als 10% freien Platz hat.

Wenn der Produktionsspeicher weniger als 5% Platz frei hat, wird die jeweilige VM nicht mehr gesichert, da durch Snapshots der Platz aufgebraucht werden könnte und damit alle darauf laufenden VMs stehen bleiben.

Wenn der Vertrag (Subscription) ausläuft, wird eine Nachricht gesendet und es wird regelmäßig nach Updates für das Produkt gesucht.

History

Hier kann man einstellen, wie viele Aufgaben (500 sessions) angezeigt und wie lange diese gespeichert werden (53 weeks).

Security

Auf der letzten Registerkarte kann man sich das selbst signierte Zertifikat des BS anschauen oder auch ein neues installieren. Für neu hinzukommende Linux-Server kann eingestellt werden, ob diesen generell oder ob nur bereits bekannten vertraut wird. Bei neuen Servern müsste man den »Fingerprint« hierüber importieren.

Users and Roles

Möchte man Benutzern oder Gruppen die Möglichkeit geben, selbstständig über die Oberfläche Informationen zu lesen, Jobs zu bearbeiten, zu starten usw., können hier Berechtigungen dafür vergeben werden. Es gibt vier vordefinierte Rollen, die einem lokalen Benutzer oder einer lokalen Gruppe – oder auch aus dem AD – zugewiesen werden können, damit er hier bestimmte Aufgaben übernehmen kann.

Der Restore Operator kann nur eine Wiederherstellung, der Backup Operator nur ein Backup initiieren, der Backup Viewer nur lesend zugreifen und der Backup Administrator hat alle Rechte. Auch können hier bestehende Einträge geändert und gelöscht werden.

Leider ist es hier nicht möglich, Berechtigungen auf einzelne Objekte oder Kategorien zu legen, und wer hier lesen darf, sieht alle Daten – auch verschlüsselte.

Network Traffic Rules

Über diesen Menüpunkt kann man Regeln für

- die Bandbreitenbeschränkungen einrichten, damit der Transfer nicht die produktiven Maschinen zu stark belastet;
- Datentransferverbindungen einschränken: Pro Job werden fünf gleichzeitige Verbindungen aufgebaut, bei mehreren parallel laufenden Jobs kann das das Netzwerk überlasten. Da bei jeder Datenübertragung CRC (Cyclic Redundancy Check) Checks zum Einsatz kommen, sind die Daten von Veeam aber immer konsistent;
- Datenverschlüsselungen einrichten, falls die Verbindung über eine unsichere Leitung läuft, sowie
- bevorzugte Netzwerkverbindungen einstellen: Hiermit kann festgelegt werden, über welchen Weg z. B. eine Wiederherstellung erfolgen soll, wenn das Produktionsnetzwerk nicht belastet werden darf.

Die hier gemachten Einstellungen können dann bei dem jeweiligen Job ausgewählt werden, da sie übergreifend zur Verfügung stehen. Zusätzlich kann bei den meisten Transfers ebenfalls so eine Regel erstellt werden.

Configuration Backup

An dieser Stelle kann man die Informationen über die angelegten Jobs mit allen Details einmal täglich auf einen Datenträger ablegen, um sie im Bedarfsfall auf einem neu erstellten BS wieder einlesen zu können. Weitere wichtige Details hierzu stehen unter Punkt 5.8.

Console

Hinter dem Menüpunkt »Console« verbirgt sich zum einen der Aufruf der angepassten PowerShell-Umgebung, die näher im Kapitel 13 erklärt wird, zum Zweiten kann hierüber das beliebte SSH-Tool PuTTy aufgerufen werden, mit dem man z.B. auf die Konsole eines ESXi Hosts oder auf andere Linux-Rechner kommen kann, und zuletzt ein Link zum Aufruf einer Remote-Desktop-Verbindung auf den Backup-Server selbst.

Da über das Microsoft RDP häufig vom lokalen Rechner Laufwerke, Drucker und die Zwischenablage an die entfernte Maschine durchgereicht wird, empfehle ich aus Sicherheitsgründen, auf dem BS den Zugriff über RDP zu unterbinden.

Color Theme

Wem die Farbgestaltung (helles Grün) von Veeam nicht zusagt, der kann die Console hierüber in eine von drei anderen Farben umgestalten.

License

Wie bereits unter Punkt 1.6 erwähnt, kann man hier Informationen zu den eingetragenen Lizenzen für die virtuelle Umgebung, die physischen Windows und Linux-Rechner bekommen, eine neue oder zusätzliche Lizenz eintragen (falls Sie einen EM im Einsatz haben, sollten Sie das dort zentral erledigen) und über die Schaltfläche »Manage« auch nicht mehr vorhandene Hosts austragen (Revoke).

Sobald eine VM von einem Host gesichert oder repliziert wird, wird er dieser Liste hinzugefügt. Tauschen Sie einen Hypervisor aus, so muss das hier über »Revoke« bekannt gemacht werden. Weiterhin haben Sie hier den Überblick über die eingetragenen Lizenzen, wie viele davon in Benutzung sind und wie viele noch übrig bleiben.

Help

Über den vorletzten Punkt können Sie die Online-Hilfe aufrufen. Dabei wird der Standardbrowser geöffnet und die Seite mit der Dokumentation aufgerufen.

Weiterhin gibt es hier die Möglichkeit, Log-Dateien für einen Job oder alle beteiligten Komponenten (BS, Proxy etc.) zu exportieren, die man anschließend dem Veeam-Support zur Verfügung stellen kann.

Der dritte Punkt gibt Aufschluss über die installierte Version, die Dauer des Support-Vertrages, den Lizenznehmer und bietet zwei zusätzliche Links zum Technischen Support und der Veeam Community. Mit einem Klick auf das Fenster schließt sich dieses wieder.

KAPITEL 5

Jobkonfiguration

Jedes Backup, jede Replikation, jede Kopieraktion oder auch ein SureBackup wird über einen Job erledigt, der gespeichert und zeitmäßig geplant werden kann. Für das Anlegen eines Jobs steht jeweils ein Assistent zur Verfügung, der alle notwendigen und möglichen Schritte abfragt.

Im Folgenden werden die einzelnen Typen der Jobs und was man dort einstellen kann näher erklärt.

Backup Jobs

Das Backup einer bestehenden VM ist wohl der häufigste Fall einer Datensicherung, deshalb werde ich ihn hier zuerst besprechen. Bei den weiteren Möglichkeiten, einen Job anzulegen, ist vieles zum Backup Job gleich und wird dort nicht nochmals erwähnt.

Um einen Backup Job zu generieren, klicken Sie im unteren linken Teil auf »Home«, dann auf »Backup Jobs« und wählen Sie aus dem Dropdown-Menü die passende Option.

Menüpunkt Name

Geben Sie im ersten Fenster einen sprechenden Namen für den Job an. Es empfiehlt sich, dort ggf. die VMs, die gesichert werden sollen, anzugeben. Das kann der Name der VMs sein, der Name eines Ressourcenpools, eines Ordners oder des Betriebssystems etc. Wichtig ist, dass Sie die VM zum Wiederherstellen auch finden.

Menüpunkt Virtual Machines

Im nächsten Fenster können Sie über »Add« die gewünschten VMs zur Liste hinzufügen. In dem neuen Fenster ist es möglich, nach Namen oder Namensbestandteilen zu suchen:

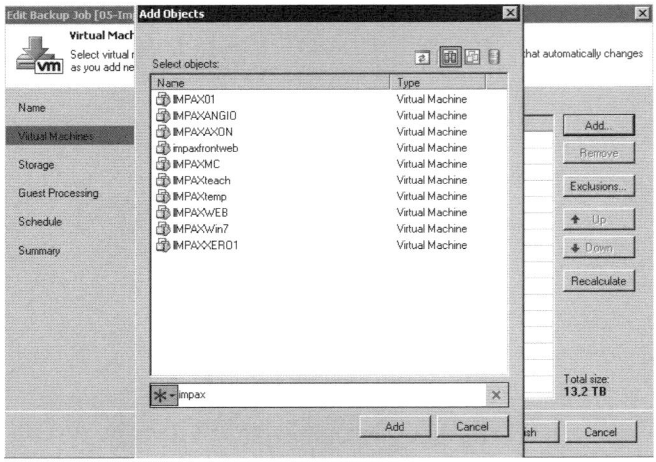

Abbildung 5-1: Auswahl der Objekte

Oben rechts in dem Fenster kann man über die fünf Icons von links angefangen die Ansicht aktualisieren, die Ansicht »Hosts and Clusters«, »VMs and Templates« sowie »Datenspeicher und VMs« auswählen. Bei Hyper-V bedeutet das vierte Icon »Hosts and Volumes«, bei vSphere das letzte Icon »VMs and Tags«, also benutzerdefinierte Attribute.

Wenn man auf das lila Sternchen unten links klickt, kann man noch ein weiteres Kontextmenü aufklappen und darüber nach Objekten wie VMs, Ordner, Cluster, Hosts, Ressourcenpools und vApp (beides nur bei VMware), Host Group und SCVMM (beides nur bei Microsoft) suchen oder anzeigen lassen.

Viele meiner Kunden nutzen »Folder«, also eine Ordnerstruktur für die Datensicherung mit Veeam, weil so sichergestellt ist, dass eine neu angelegte VM automatisch in der Datensicherung ist – und nicht vergessen wird.

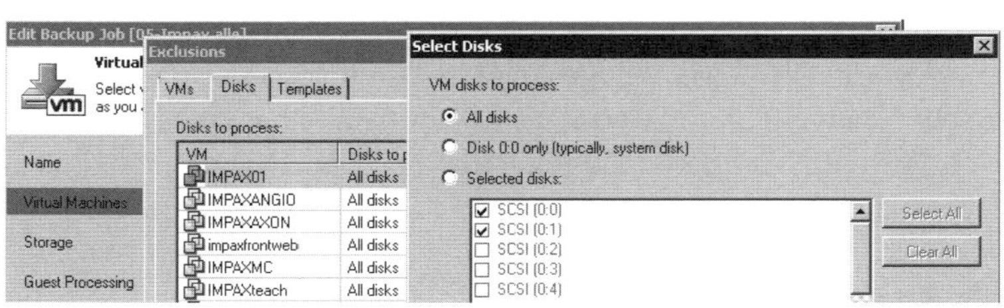

Abbildung 5-2: Festplatten ausschließen

Über die Schaltfläche »Exclusions« können für einzelne VMs noch bestimmte Festplatten aus der Sicherung genommen werden oder auch VMs und Templates, die sich in einem Ordner befinden, aber nicht gesichert werden sollen.

Weiterhin kann man die Reihenfolge der VMs nachträglich ändern, damit die Sicherung auch wie gewünscht abläuft. Über die Schaltfläche »Recalculate« wird zum einen die Gesamtgröße der VMs und in der Spalte »Size« die jeweilige Größe der zu sichernden Objekte angezeigt. Sollte dort bei einer VM der Wert »0« oder »N/A« auftauchen, wurde die ID der Maschine nicht gefunden (Veeam merkt sich die ID, nicht den Namen). Das passiert z.B., wenn die VM gelöscht und aus einer Datensicherung wiederhergestellt wurde, denn dann bekommt sie vom vCenter Server oder SCVMM eine neue ID.

Menüpunkt Storage

Im dritten Fenster »Storage« wählen Sie den Backup Proxy und den Sicherungsplatz (Backup Repository) aus und geben an, wie viele Wiederherstellungspunkte (Restore Points) auf dem Storage behalten werden sollen. Die ältesten Sicherungen werden dann automatisch gelöscht, wenn die Anzahl überschritten wird.

Der Backup Proxy wird vom BS meist automatisch richtig erkannt und diese Einstellung sollte nur in Ausnahmefällen, z.B. bei WAN Accelerator, geändert werden – dazu später mehr.

In dem Dropdown-Feld können Sie die zuvor erstellten Speicherplätze auswählen. Achten Sie darauf, dass für den Job und alle Restore Points genügend Speicher zur Verfügung steht. Über den blauen Link »Map Backup« können bereits vorhandene Sicherungen hinzugefügt werden, z.B. wenn man die Sicherungen auf einen anderen Storage verschoben hat oder Veeam neu aufsetzen musste.

> Die »Restore Points« beziehen sich auf den Job, nicht auf die VMs im Job. Hat man beispielsweise einen Ordner mit drei VMs fünf Mal gesichert, wobei das Backup für eine VM dreimal fehlschlug, hat man von dieser VM nach der eingestellten Zahl nur zwei Restore Points. Bleibt der Fehler, hat man nach fünf Sicherungen keine Wiederherstellungspunkte der nicht gesicherten VM! Das heißt auch, wenn die VM gelöscht wird, aber im Job verbleibt, fallen die Daten nach der eingestellten Wiederholung automatisch raus.

Bei »Configure secondary destinations for this job« kann man zusätzlich einen Tape-Job oder einen Copy Job angeben, der nach der Datensicherung die gesicherten Dateien auf ein Bandlaufwerk oder einen anderen Datenspeicher kopieren soll. Dieser Job muss aber bereits angelegt sein.

Erweiterte Einstellungsmöglichkeiten zum Backup Job

Unter der Schaltfläche »Advanced« befinden sich weitere interessante Einstellungen, wie im Folgenden erklärt wird.

Auf der Registerkarte »Backup« kann man den Modus der Sicherung einstellen. Die einzelnen Modi habe ich bereits oben detailliert angesprochen. Überlegen Sie sich, ob Sie regelmäßig zusätzlich ein Full Backup erstellen lassen wollen oder ob Sie dafür einen eigenen Job generieren, um z. B. die Daten auf ein anderes Laufwerk abzulegen.

Auf der Registerkarte »Maintenance« kann bei »Storage-level corruption guard« eine Überprüfung des Datenspeichers in regelmäßigen Abständen angegeben werden. Das ist sinnvoll, wenn man die Daten sehr lange dort liegen lässt. Veeam macht zwar bei jeder Sicherung eine Überprüfung, aber danach nicht mehr.

Unter »Full backup file maintenance« kann zum einen eine »Aufräumaktion« mit Defragmentierung und auch die Retention Policy = für gelöschte oder aus dem Backup entfernte VMs eingestellt werden. Beachten Sie, dass hier Tage und nicht Wiederherstellungspunkte angegeben werden. Wenn man keine regelmäßigen Full Backups durchführen lässt, sollte man »Remove deleted VMs data after« anklicken und eine Anzahl an Tagen einstellen. Wenn die Zeit abgelaufen ist, werden die Daten bei der »Aufräumaktion« der VM als gelöscht markiert, also nicht wirklich vom Datenträger gelöscht, aber irgendwann überschrieben.

Auf der Registerkarte »Storage« können Einstellungen zum Datenspeicher ausgewählt werden. »Enable inline data deduplication« bewirkt, dass pro Job alle Redundanzen gelöscht werden, also weniger Speicher gebraucht wird (empfohlen). Bei »Exclude swap file blocks« werden die Auslagerungsdatei(en) der Maschinen nicht mit gesichert (empfohlen) und bei »Exclude deleted file blocks« werden gelöschte Dateien (auch im Papierkorb) nicht mit gesichert. Bei dem letzten Punkt sollte man ggf. Exchange-Server ausnehmen, weil viele Benutzer den Papierkorb als Zwischenablage nutzen.

Bei »Compression level« kann zwischen fünf Einstellungen gewählt werden, wobei ein höherer Kompressionsgrad auch eine längere Backup-Zeit bedingt.

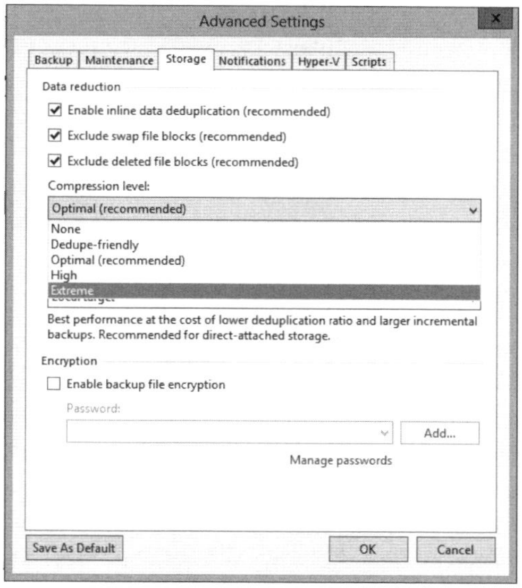

Abbildung 5-3: Kompressionsgrad-Einstellungen

Bei »Storage optimization« kann zwischen vier verschiedenen Punkten im Dropdown-Feld ausgewählt werden, auf welchen Datenspeicher das Backup landen wird. Die Punkte WAN, LAN und Local target dürften selbsterklärend sein, das Local target (16TByte+ backup files) wird hingegen häufig missverstanden: Hier handelt es sich um Storages, auf denen die Dateien der Datensicherung größer als 16 TByte sind.

Sollen die Backup-Daten verschlüsselt werden, kann unter »Enable backup file encryption« das Häkchen gesetzt und ein Passwort eingegeben werden. Haben Sie einen Enterprise Manager installiert und den BS dort hinterlegt, kann auch über den EM die Verschlüsselung bei verlorenem Passwort rückgängig gemacht werden. Den Vorgang dazu habe ich in Kapitel 10 ausführlich beschrieben.

Auf der Registerkarte Notifications können bei Bedarf Informationen zu einem Job per SNMP-Trap und/oder E-Mail verschickt sowie bei der VM in den Bemerkungen eingetragen werden. Dabei bedeutet die Option »Append«, dass jeweils das letzte Ergebnis an bestehende Eintragungen angehängt wird – nicht ältere Informationen zu den Jobs.

Bei mehreren Backup Jobs kann die Benachrichtigungseinstellung besser für alle Jobs zusammen unter dem Punkt »Options« aus dem Grundmenü eingestellt werden (siehe Punkt 4.6.5.7).

Auf der Registerkarte vSphere (nur bei VMware) bzw. Hyper-V (nur bei Microsoft) sollte bei bestimmten VMs das Einfrieren derselben ausgewählt werden, indem man das Häkchen bei »Enable VMware Tools quiescence« bzw. »Enable Hyper-V guest quiescence« setzt und dementsprechende Skripte einsetzt. Dies ist bei allen VMs angebracht, die spezielle Anwendungen (wie Datenbanken) hosten und nicht Microsoft als Betriebssystem nutzen. Bei Windows VMs wird stattdessen der Dienst Volume Shadowcopy Service (VSS) genutzt. Beispiele für die Sicherung von Linux-Datenbanken habe ich weiter unten ausführlich beschrieben. Beachten Sie dazu auch den nächsten Abschnitt »Guest Processing«.

Für eine schnellere Sicherung sollte das CBT-Verfahren (Changed Block Tracking) verwendet werden. Hier legt die Sicherungssoftware beim ersten Backup eine Datei in den Ordner der VM mit der Endung *.ctk. Ab dann wird der Host die Adressen der geänderten Blöcke dort reinschreiben, damit bei der nächsten Sicherung der BS nur die geänderten Blöcke lesen und nicht die gesamte VM durchsuchen muss. Das beschleunigt die Sicherung immens. Bei Hyper-V auf 2016er-Maschinen lässt sich das nicht deaktivieren. Dort wird es RCT (Resilient Change Tracking) genannt. Voraussetzung ist dabei, dass alle Hosts die 2016er-Version haben, der Cluster Level ebenfalls 2016 ist und die VM die Konfigurationsversion 8 hat.

Unter Hyper-V hat man hier zusätzlich den Schalter für Volume Snapshots. Hier können mehrere virtuelle Maschinen über einen einzigen Volume Snapshot gesichert werden. Dafür gibt es unter VMware die Registerkarte »Integration« über die mit der Lizenz Enterprise Plus ebenfalls Snapshots von einem unterstützten Datenspeicher anstatt über die VMware Tools gemacht werden können. Dieses Verfahren bremst die virtuelle Umgebung nicht aus, und die Daten kommen sehr schnell direkt über den Storage. Dafür muss der Backup-Server allerdings physisch sein und einen direkten Zugriff auf den jeweiligen Speicher über iSCSI, Fibre Channel oder Ähnliches haben.

Auf der Registerkarte Scripts können Befehle oder Kommandos vor und/oder nach dem Job auf dem BS ausgeführt werden. Das lässt sich dann noch tageweise einstellen, also wann und wie oft das jeweilige Kommando laufen soll. Benötigen Sie allerdings Skripte innerhalb der zu sichernden VM, können Sie das unter dem nächsten Punkt »Guest Processing« einstellen.

Menüpunkt Guest Processing

Im vierten Fenster »Guest Processing« können für bestimmte Anwendungen im Betriebssystem noch Einstellungen und Anmeldedaten hinterlegt werden. Das macht Sinn bei Domaincontrollern, SQL- und Oracle-Servern, Exchange Servern sowie bei SharePoint. Mit dem angegebenen Account können die Daten auch einzeln wiederhergestellt werden, also einzelne Postfächer, Anlagen zu E-Mails, Tabellen aus Datenbanken, gelöschte Objekte aus Active Directory etc.

Um beim Backup die jeweilige VM in einen konsistenten Zustand zu bringen, hat man beim Job die Möglichkeit, das Häkchen bei »Enable application-aware processing« zu setzen oder unter »Storage – Advanced – vSphere« das »VMware Tools quiescence« anzuhaken. Die Funktionen der beiden Methoden werden in der nachfolgenden Tabelle 5-1 beschrieben:

Tabelle 5-1: Funktionen der beiden Methoden

Feature	VMware Tools / Hyper-V guest quiescence	application-aware processing
konsistentes Backup von Windows VMs	ja	ja
Synchronisationstreiber für Linux VMs	ja	nein
Unterstützung für spezielle Anwendungen	eingeschränkt	ja
Vorbereitung für spez. Anwendung vor VSS (z. B. Oracle)	nein	ja
Application Log Truncation (MS SQL, Exchange)	ja, in der VM platziert	ja, kann vom B&R-Server platziert werden
Fehlermeldungen	im Gast OS	auf B&R-Server

Über die Schaltfläche »Applications« kommen Sie in ein weiteres Fenster, in dem die Objekte des jeweiligen Jobs in einer Tabelle aufgeführt sind. Wählen Sie eines der Objekte aus und klicken auf »Edit«, so öffnet sich ein neues Fenster, in dem bei Bedarf weitere Einstellungen vorgenommen werden können. Auf der ersten Registerkarte »General« unter »Applications« lässt sich eine von drei Möglichkeiten für den korrekten Ablauf einstellen. Hier sollte man nur in Ausnahmefällen von dem Standard (recommended) abweichen.

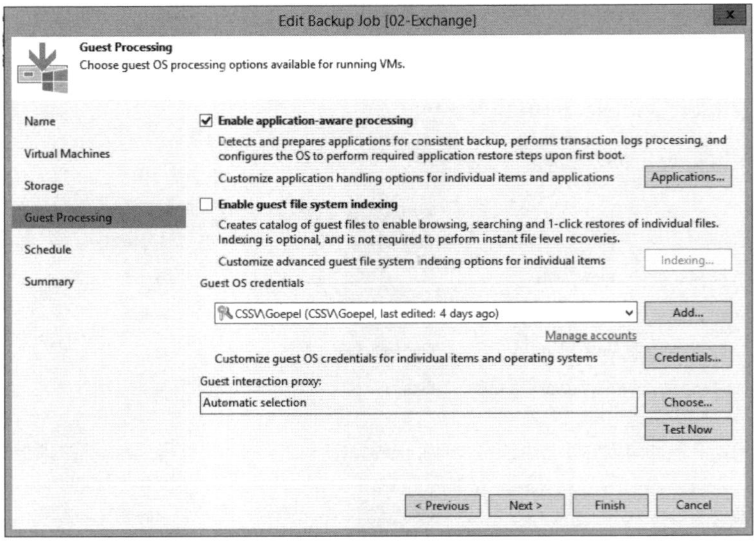

Abbildung 5-4: Einstellungen für bestimmte Anwendungen

Im unteren Teil bei »Transaction logs« kann auf das Löschen von übrig gebliebenen Log-Dateien von SQL, Oracle und Exchange Einfluss genommen werden. Wichtig ist hierbei, dass die VMware Tools (bzw. Hyper-V Integration Compnents) korrekt installiert sind und die VSS-Erweiterung der Tools läuft.

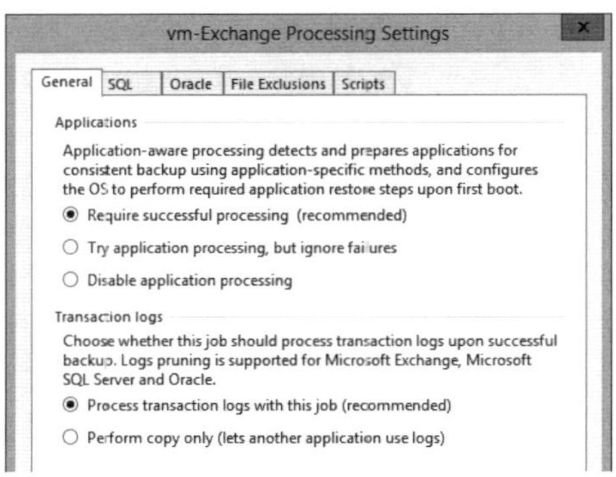

Abbildung 5-5: Erweiterte Einstellungen zu den Anwendungen

Auf der Registerkarte »SQL« und bei »Oracle« hat man die Möglichkeit, die Log-Dateien in regelmäßigen Abständen zusätzlich zu sichern, damit sich ein konsistenter Zustand auch tagsüber in einstellbaren Intervallen sichern lässt. Sollten Sie diesen Punkt angeklickt haben, überlegen Sie sich, wann die Dateien nicht mehr benötigt werden – üblicherweise nach der nächsten oder übernächsten Sicherung.

Auf der Registerkarte »Oracle« kann man zusätzlich für den Benutzer SYSDBA die notwendigen Anmeldeinformationen hinterlegen.

Auf der Registerkarte »File exclusions« können sowohl Dateien als auch Ordner von der Sicherung ausgenommen werden. Hat man im oberen Teil etwas ausgeschlossen, kann man im unteren Teil nichts mehr einschließen. Je mehr Einträge dort gemacht werden, umso länger dauert allerdings die Datensicherung – weil ständig nach den Ausnahmen gefiltert werden muss. Hier macht es Sinn, z.B. große Dateien wie gepackte, Bilder und Filme auszuschließen.

Auf der Registerkarte »Scripts« lassen sich noch Batch-Dateien für Windows Anwendungen angeben, die keine Unterstützung durch VSS (Volume Shadowcopy Service) bieten oder auch Shell-Skripte für Linux. Diese Dateien müssen sich auf dem lokalen System befinden (also z.B. dem Backup-Server) und sie müssen im Voraus fertiggestellt sein. Über solche Skripte könnte man zum Beispiel Dienste vor dem Snapshot (»Pre-freeze script«) stoppen und anschließend (»Post-thaw script«) wieder starten. Die Skripte müssen bei Linux die Endung *.sh haben und werden zur Laufzeit auf die VM über den SSH-Port 22 kopiert. Alternativ kann dies über die installierten VMware Tools mittels VMware-VIX-Kommunikation passieren. Achten Sie dabei auf das Häkchen bei »VMware Tools quiescence«.

Hat man als Sicherung Windows- und Linux-Maschinen in einem einzigen Job, so wird automatisch für Linux das Shell-Skript und für Windows die Batch-Datei genommen.

Das Häkchen bei »Enable guest file system indexing« ist für sehr große Datenmengen gedacht – typischerweise für File-Server – um schneller einzelne Dateien finden zu können. Ohne dieses Häkchen können trotzdem von fast jedem Dateisystem einzelne Dateien oder Ordner wiederhergestellt werden. Im Zusammenhang mit dem EM kann über mehrere BS in allen Sicherungen nach Dateien gesucht werden, da der EM alle Indexe lokal speichert (Details zum EM in Kapitel 10). Wählen Sie ein Objekt in dem Fenster aus, so können Sie über die Schaltfläche »Edit« noch zusätzliche Angaben zu Ein- und Ausschlüssen machen, wobei die Voreinstellungen für Windows und Linux bereits sehr gut sind.

Hat man das Häkchen bei »Enable application-aware processing« oder bei der Indexierung gesetzt, muss man ebenfalls im Feld »Guest OS credentials« die notwendigen Anmeldedaten raussuchen oder hinzufügen (»Add ...«). Hat man mehrere VMs mit unterschiedlichen Anmeldedaten in einem Job, so können über die Schaltfläche »Credentials« für jedes Objekt individuelle Angaben gemacht werden. Haben Sie alle Accounts zugeordnet, so sollten Sie diese vorab über die Schaltfläche »Test Now« ausprobieren. In dem neuen Fenster werden alle Objekte aufgelistet und anschließend die Ergebnisse der Tests angezeigt. Sollte bei einem oder mehreren Einträgen eine Warnung stehen, so klicken Sie in die jeweilige Zeile auf der linken Seite, um Details in der rechten Hälfte dazu zu sehen.

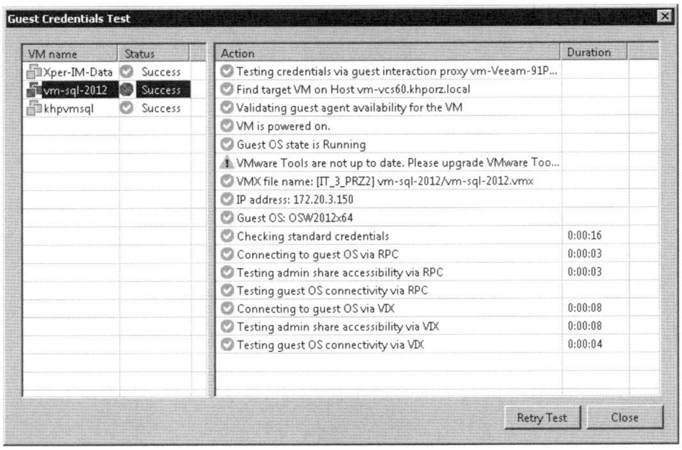

Abbildung 5-6: Anmeldedaten überprüfen

Sollte in der Spalte »Status« bereits eine Warnung stehen, liegt dies häufig an der Firewall auf der jeweiligen VM. Diese lässt üblicherweise keine Anmeldung und Installation eines Agenten über das Netzwerk zu. Funktioniert der Zugriff nicht über RPC, aber über VIX oder umgekehrt, wird ebenfalls eine Warnung angezeigt, die aber die Funktionalität der Aufgabe nicht beeinflusst – diese Warnung kann dann also ignoriert werden.

Im vorletzten Fenster »Schedule« kann man planen, wann und wie oft der Job laufen soll. Es ist sowohl möglich, eine Zeit, bestimmte Tage, Zeitabstände als auch andere Optionen zu nutzen.

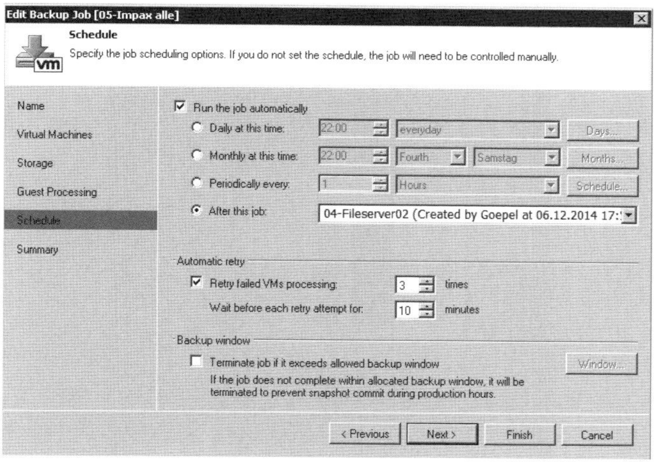

Abbildung 5-7: Auswahl der Sicherungsoptionen

In der Abbildung unten ist als Beispiel der Job direkt nach Beendigung des vorherigen Jobs geplant.

Name	Type	Status	Last r...	Next run	Target	Object
01-Linux	VMware Backup	Stopped	Success	03.12.2014 19:00:00	Backup SAN	2
01-vm-vCMA	VMware Backup	Stopped	Success	After [01-Linux]	Backup SAN	1
02-Exchange	VMware Backup	Stopped	Success	After [01-vm-vCMA]	Backup SAN	1
03-SQL	VMware Backup	Stopped	Success	After [02-Exchange]	Backup SAN	1
04-Fileserver01	VMware Backup	Stopped	Success	After [03-SQL]	Backup SAN	1
04-Fileserver02	VMware Backup	99% completed at 115...		After [04-Fileserver01]	Backup SAN	1
05-Impax alle	VMware Backup	Stopped	Success	After [04-Fileserver02]	Backup SAN	10

Abbildung 5-8: Reihenfolge der Jobs

- *Daily at this time:* Hier lassen sich die Uhrzeit und die jeweiligen Tage, wann die Sicherung laufen soll, einstellen. Everyday bedeutet jeden Tag von Montag bis Sonntag, On week-days sichert von Montag bis Freitag und bei On these days können über die Schaltfläche »Days« die gewünschten Tage angeklickt werden.
- *Monthly at this time:* Hier wird einmal im Monat eine Sicherung gemacht, und man kann zwischen First, Second, Third, Fourth, Last und This day auswählen. Im dritten Dropdown-Feld wählt man den Wochentag aus, und über die Schaltfläche »Month« lassen sich die gewünschten Monate einstellen.
- *Periodically every:* Will man eine VM mehrmals täglich sichern, wählt man diese Option. Sie können periodisch Stunden und Minuten oder auch ständig (Continuously) auswählen. Bei der letzten Option wird ein Snapshot der VM gemacht, diese gesichert, der Snapshot gelöscht und ein erneuter Snapshot gemacht, wieder gesichert usw. Über die Schaltfläche »Schedule« kann noch

ein Zeitfenster für die Sicherung gewählt werden, also z.B. nur wochentags in der Zeit von 8:00 Uhr bis 16:00 Uhr und ohne die Mittagspause.

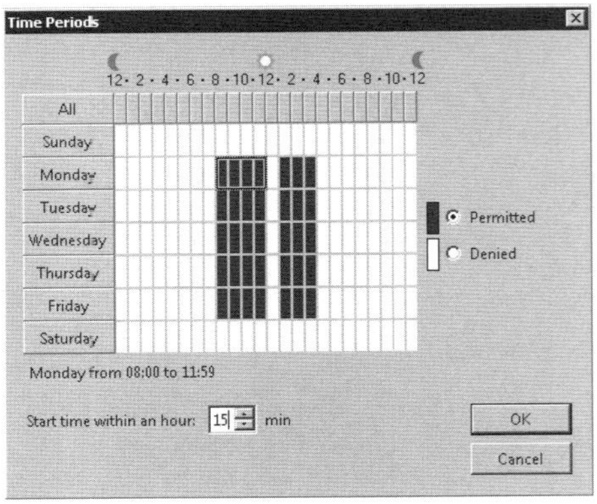

Abbildung 5-9: Sicherungen in Zeitintervallen

Achten Sie bei allen Einstellungen unter diesem Punkt auf die Anzahl der gewünschten Restore Points! Bei dem Beispiel im Screenshot werden z.B. ab 8:15 Uhr bis 11:15 Uhr und von 13:15 Uhr bis 15:15 Uhr Sicherungen gemacht, also pro Tag 7 und pro Woche 35. Brauchen Sie die Daten für zwei Wochen, so müssen Sie im dritten Fenster (Storage) insgesamt 70 Restore Points ausgewählt haben.

In dem Feld »Automatic retry« ist üblicherweise eine dreifache Wiederholung mit jeweils 10 Minuten Pause eingestellt. Das lässt sich nach eigenen Bedürfnissen auch abändern.

In dem Feld »Backup window« kann eine Zeit ähnlich wie bei den periodischen Sicherungen eingestellt werden, damit eine noch laufende Datensicherung zu Beginn der Arbeitszeit abgebrochen wird. Tritt dies ein, werden alle noch nicht fertiggestellten Sicherungen von VMs gelöscht und bei der nächsten Datensicherung diese zuerst gesichert.

Im letzten Fenster »Summary« steht nur noch die Übersicht zu dem Job – einstellen lässt sich hier nichts mehr. Klicken Sie auf »Finish«, nachdem Sie sich die Details zu dem Job angesehen haben. Einen Schritt zurück kann man hier nicht mehr gehen, wenn man vorher die Schaltfläche »Apply« angeklickt hatte.

Nach dem Backup Job kann man sich die Details zu der Sicherung anschauen und/oder auch per Mail als Bericht zusenden lassen.

Backup job: 10-IMPAX Alle
Created by KHPORZ\Goepel at 09.04.2016 17:39.

Success
10 of 10 VMs processed

Freitag, 13. Mai 2016 19:00:09

Success	10	**Start time**	19:00:09	**Total size**	13,2 TB	**Backup size**	50,2 GB
Warning	0	**End time**	19:24:39	**Data read**	74,9 GB	**Dedupe**	1,0x
Error	0	**Duration**	0:24:29	**Transferred**	50,2 GB	**Compression**	1,5x

Details

Name	Status	Start time	End time	Size	Read	Transferred	Duration	Details
IMPAX01	Success	19:03:02	19:14:48	7,5 TB	37,2 GB	25,6 GB	0:11:46	
IMPAXANGIO	Success	19:06:43	19:09:49	124,0 GB	602,0 MB	171,6 MB	0:03:05	
IMPAXAXON	Success	19:08:40	19:14:03	1,6 TB	684,0 MB	214,9 MB	0:05:23	
impaxfrontweb	Success	19:11:05	19:13:45	20,0 GB	38,0 MB	10,2 MB	0:02:39	
IMPAXMC	Success	19:11:15	19:15:17	180,0 GB	6,7 GB	3,5 GB	0:04:02	
IMPAXteach	Success	19:13:26	19:17:35	990,0 GB	1,7 GB	793,6 MB	0:04:09	
IMPAXtemp	Success	19:15:16	19:18:18	2,3 TB	3,9 GB	2,1 GB	0:03:02	
IMPAXWEB	Success	19:17:21	19:22:28	240,0 GB	1,3 GB	661,3 MB	0:05:06	
IMPAXWin7	Success	19:17:46	19:22:28	124,0 GB	593,0 MB	163,3 MB	0:04:42	
IMPAXXERO1	Success	19:19:07	19:24:21	124,0 GB	22,1 GB	17,0 GB	0:05:14	

Abbildung 5-10: Übersichts-Mail nach der Sicherung

Backup von verschlüsselten VMs

Seit kurzem kann man bei VMware vSphere virtuelle Maschinen aus Sicherheitsgründen verschlüsseln. Das Backup solcher VMs muss man ganz anders gestalten als bei herkömmlichen Maschinen. Logischerweise geht ein Backup über den »Direct Storage Access« sowie über Storage Snapshots nicht. Eine gute Möglichkeit bietet hier ein Veeam Proxy als verschlüsselte VM, da darüber der HotAdd-Modus möglich ist. Auch eine Sicherung übers Netzwerk (NBD und NBDSSL) ist hier möglich. Da Veeam das VDDK (Virtual Disk Development Kit) nutzt und die Daten hiermit unverschlüsselt gelesen werden, sollte man über eine Verschlüsselung der Backup-Dateien nachdenken – ggf. auch über eine verschlüsselte Übertragung zum Repository.

VeeamZIP

Mit VeeamZIP kann man schnell und unkompliziert Full Backups von einer oder mehreren laufenden oder ausgeschalteten VMs, ähnlich wie beim normalen Backup, erstellen. Als Speicherort kommt der lokale Rechner, der BS oder eine Freigabe in Betracht, und es braucht kein Job dafür erstellt zu werden. Die zu wählenden Optionen sind dabei sehr überschaubar: Speicherort, Kompressionsgrad und ggf. das »application-aware processing«. Nach der Sicherung werden diese unter »Home – Disk (VeeamZIP)« angezeigt, und man kann von dort auch die Wiederherstellung – ähnlich wie beim normalen Backup – starten.

Bei diesen Vorgängen wird keine »Bremse« für den zugrunde liegenden Storage verwendet. Eventuell noch andere laufende Task könnten dadurch in Mitleidenschaft gezogen werden.

Über »Inventory« wählen Sie Ihre Infrastruktur aus und erweitern die Einträge, bis die VM, der Ordner o. Ä. auf der rechten Seite erscheint. Über das Kontextmenü oder das Ribbon wählen Sie dann VeeamZIP aus, geben den gewünschten Speicherort an und wann dieses Backup gelöscht werden soll (siehe Abbildung 5-11).

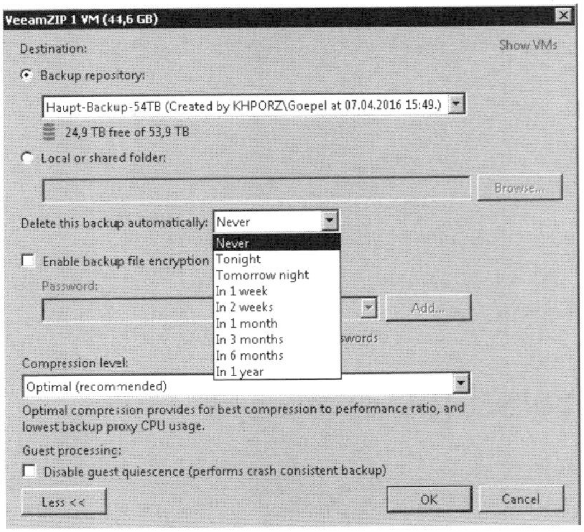

Abbildung 5-11: Auswahlmöglichkeiten bei VeeamZIP

Beachten Sie bitte, dass das letzte Kästchen für »Disable VMware Tools quiescence« angehakt werden muss, wenn Sie die VM nicht »einfrieren« wollen.

Wenn Sie das gleiche Backup nochmals vornehmen möchten, wählen Sie aus dem Kontextmenü »VeeamZIP to«, dann ist die Vorauswahl in dem Fenster wie beim letzten Mal.

Backup Copy Job

Der hauptsächliche Grund für eine Datensicherung ist der Schutz vor Datenverlust und defekten VMs. Um einen höheren Schutzlevel zu erreichen, wird das 3-2-1-Prinzip von vielen Experten empfohlen. Dabei soll man 3 Versionen der Daten haben: ein Original und zwei Sicherungen, man soll 2 unterschiedliche Medien benutzen, z.B. Festplatte und Band oder Cloud-Speicher, und 1 Backup an einem sicheren Ort unterbringen. Kurz ausgedrückt braucht man zusätzlich zum Original zwei Sicherungen an unterschiedlichen Orten. Dafür kann man einen Backup Copy Job einrichten.

Mit dieser Art Job kann man ein vorher gemachtes Backup an einen anderen Ort kopieren – auch inkrementell und im selben Format. Hierfür legt man wieder einen Job an, der auch regelmäßig oder in Abhängigkeit eines Backup Jobs laufen kann. Dabei werden nicht einfach die VBK-, VIB- oder VRB-Dateien kopiert, sondern die Daten der einzelnen VM in Blöcken. Da hier direkt vom Backup Repository die Informationen geholt werden, belastet es nicht die virtuelle Umgebung.

Der BS holt sich die einzelnen zu kopierenden VMs und kann auch mehrere gleichzeitig verarbeiten (außer über WAN Accelerator). Die Reihenfolge kann beliebig gewählt werden, und falls von einer VM die Daten gerade in Benutzung sind, nimmt er sich die nächste. Später wird er erneut versuchen die noch nicht gesicherte zu kopieren. Auf dem Zielspeicher wird eine Sicherungskette des kompletten Jobs als »forever forward incremental« angelegt, also immer nur eine aktive inkrementelle Kette mit einem Full-Backup und der gewünschten Anzahl an Wiederherstellungspunkten. Haben Sie die Option »Use per-VM backup files« angeklickt, so findet man auf dem Ziel für jede VM eine eigene Kette. Sind die gewünschten Restore Points erreicht und es wird ein neuer Job initiiert, so werden die notwendigen Daten vom ältesten inkrementellen in das Full Backup übernommen und das alte Inkrement wird gelöscht.

> Sie können auch mehrere Copy Jobs anlegen, um die Daten auf weitere Ziele zu kopieren.

Da der Backup Copy Job immer auf die neuesten Daten wartet und diese dann kopiert, ist es ratsam, einen Zeitraum für das Kopieren festzulegen, also z.B. von 08:00 Uhr bis 18:00 Uhr. Der Job wird zu diesem Zeitpunkt die Daten bearbeiten und in der restlichen Zeit als »Idle« angezeigt.

Replication Jobs

Die Vorgehensweise bei einem »Replication Job« ist ähnlich wie bei einem Backup Job. Deshalb sind hier nur die Unterschiede ausführlich erklärt, die Vorgehensweise, die bei Backup und Replikation gleich sind, wurden gekürzt.

Klicken Sie im unteren linken Teil auf »Home«, wählen Sie aus dem Ribbon »Replication Job« und dann die gewünschte Umgebung aus.

Geben Sie im ersten Fenster einen sprechenden Namen für den Job an. Es empfiehlt sich, dort ggf. die VMs, die repliziert werden sollen, anzugeben. Das kann der Name der VM sein, der Name eines Ressourcenpools oder des Betriebssystems etc. Wichtig ist, dass Sie die VM zum jeweiligen Job schnell wiederfinden.

Im unteren Teil des Fensters können noch drei weitere wichtige Einstellungen für diesen Job ausgewählt werden:

- Low connection bandwith: wenn man eine VM auf einen entfernten Standort über eine langsame Anbindung replizieren möchte, ohne diese zu stark zu belasten

- Seperate virtual networks: Hiermit kann man weitere Details zum ggf. anderen Netzwerk des Zielnetzwerkes einstellen.
- Different IP addressing scheme: Hiermit wird die replizierte Windows VM an ein anderes IP-Adressschema angepasst.

Durch das Setzen der Häkchen wird anschließend die Anzahl der aufzurufenden Seiten für diesen Job erhöht. Die zusätzlichen Seiten bieten dann die gewünschten Einstellungsmöglichkeiten.

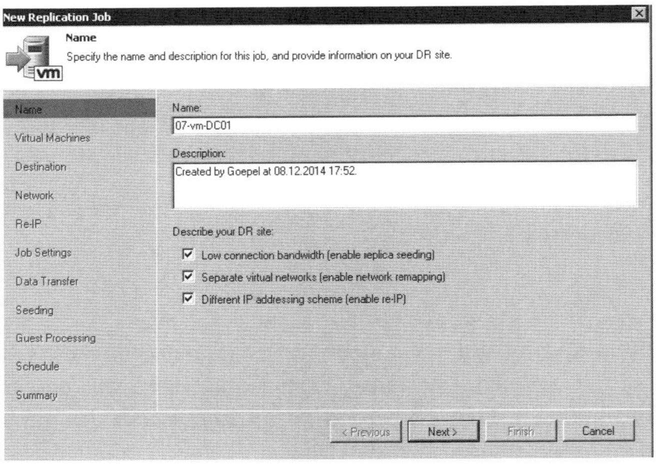

Abbildung 5-12: Zusätzliche Einstellungen beim Replikationsjob

Im nächsten Fenster können Sie über »Add« die gewünschten VMs zur Liste hinzufügen. Auch ist es möglich, nach Namen oder Namensbestandteilen zu suchen. Sie können auch Container von VMs angeben, wie oben bei Backup Jobs besprochen.

Über die Schaltfläche »Exclusions« können für einzelne VMs noch bestimmte Festplatten aus der Replikation genommen werden oder auch VMs und Templates, die sich in einem Ordner befinden, aber nicht repliziert werden sollen.

Weiterhin kann man die Reihenfolge der VMs nachträglich ändern, damit die Replikation auch wie gewünscht abläuft. Über die Schaltfläche »Source« steuern Sie, woher Veeam B&R die Daten nehmen soll: von der am Anfang eingerichteten Infrastruktur oder aus einer bereits bestehenden Sicherung.

Bei einer Replikation werden die Log-Dateien und Templates automatisch ausgenommen, was auch nicht geändert werden kann.

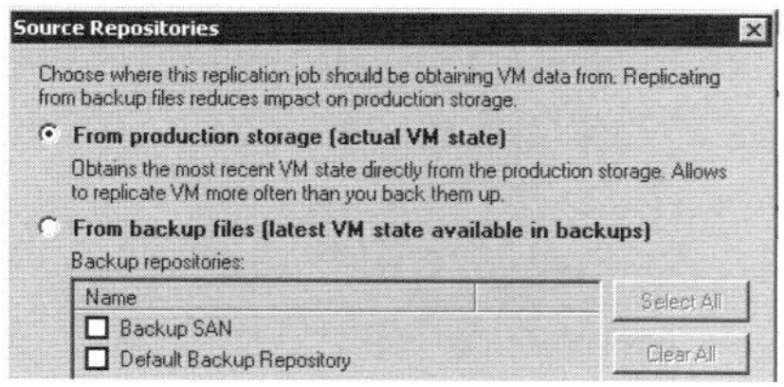

Abbildung 5-13: Auswahl der Quelle

Im dritten Fenster »Destination«, also Ziel, wählen Sie den Host oder das Cluster aus, auf dem die replizierte VM registriert werden soll. Hier kann auch ein Ressourcenpool oder ein Ordner angegeben werden, in dem die VMs platziert werden sollen. Der hier angegebene Ziel-Host braucht dabei keine Veeam-Lizenz.

Weiterhin müssen Sie den Storage angeben, auf dem die Replikate gespeichert werden sollen. Standardmäßig wird für die Festplatten des replizierten Rechners das Format »Thin« genommen, aber auch das lässt sich unter »Disk type« (nur bei VMware) anders einstellen.

Haben Sie auf der ersten Seite des Assistenten das Häkchen bei »Separate virtual networks« gesetzt, können Sie jetzt Einstellungen dazu vornehmen. Suchen Sie die Portgruppe für die VM aus, indem Sie auf die Schaltfläche »Browse« klicken. Beachten Sie dabei, dass unter VMware auch die VMkernel-Portgruppen für vMotion, Management Network etc. angezeigt werden, diese aber nicht ausgewählt werden dürfen.

Weiterhin gibt es die Möglichkeit, die IP-Konfiguration einer Windows VM bei der Replikation zu beeinflussen. Auf der Seite »Re-IP« können Sie über die Schaltfläche »Add« eine neue IP-Adresse, Subnetzmaske, Gateway sowie DNS-Server angeben. Bei der IP-Adresse können auch Sternchen verwendet werden, also z.B. 192.168.150.*, dann wird durch den Proxy auf der Zielseite eine Adresse gesetzt.

Auf der Seite »Job Settings« kann ein Sicherungsplatz auf der hiesigen Seite ausgewählt werden; »Repository for replica metadata« gibt den Speicherort der Metadaten der VM an, die auf die andere Seite repliziert werden soll. Der Inhalt des Feldes »Replica name suffix« wird an den Namen der replizierten VM angehängt. Weiterhin kann die Anzahl der zu behaltenen Wiederherstellungspunkte angegeben werden. Die maximale Anzahl der »Restore points« ist durch die Möglichkeit der Snapshots unter vSphere auf 28, unter Hyper-V auf 47 beschränkt. Dabei sollte man auch den Speicherbedarf der jeweiligen Snapshots im Auge behalten.

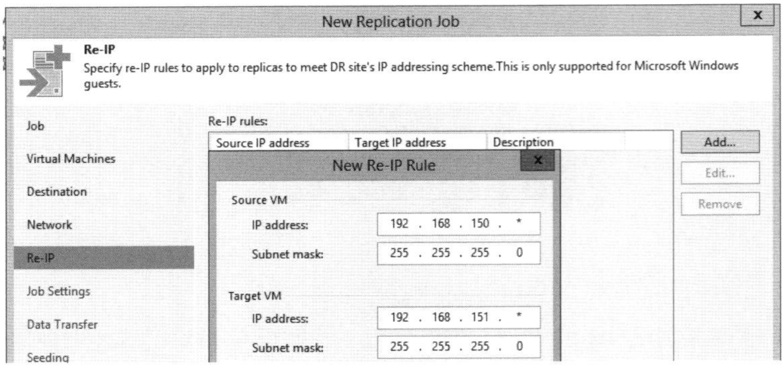

Abbildung 5-14: Netzwerkeinstellungen für den Zielort

Unter dem Punkt »Advanced« finden Sie die gleichen Registerkarten wie schon oben beschrieben. »Backup« und »Maintenance« fehlen, und die Seite »Traffic« heißt beim Backup »Storage«, auf der Sie angeben können, ob die Auslagerungsdatei ausgenommen werden soll, wie die Kompression und der Zugriff auf den Festplattenplatz optimiert sein sollen.

Im Abschnitt »Data Transfer« können für VMware zunächst der Quell- und Ziel-Proxy ausgewählt werden und – je nach Vorauswahl – »Direct« (für Backup-Proxy-Übertragung direkt auf den Ziel-Datastore) oder »Through built-in WAN accelerators« auf beiden Seiten. Bei Hyper-V wählt man zunächst den Off- oder On-Host Proxy. Standardmäßig ist der Off-Host Proxy ausgewählt, und falls dieser nicht vorhanden oder geeignet ist, wird automatisch der On-Host Proxy genommen. Die Unterschiede zu den beiden Varianten habe ich ausführlich im Kapitel 4 unter Proxy (auf Seite 32) beschrieben.

Das Fenster »Seeding« ist nur bei der Auswahl geringer Bandbreite (Low connection bandwidth) auf der ersten Seite »Name« erreichbar. Dabei benutzt man den ersten Eintrag »Initial seeding«, um die Datenübertragung zu minimieren, falls schon ein Backup auf der Zielseite existiert. In diesem Fall wird der Backup-Speicher der Zielseite dort ausgewählt, und anschließend müssen nur noch die geänderten Daten zum Replikat übertragen werden.

Die Auswahl »Replica mapping« setzt eine schon vorhandene replizierte VM auf dem Ziel voraus. Gegebenenfalls kann man auch hier eine manuelle Auswahl treffen.

Das Fenster »Guest Processing« bietet die gleichen Einstellungen wie schon oben bei Backup beschrieben, bis auf das fehlende »Guest file system indexing«.

Im vorletzten Fenster »Schedule« kann man planen, wann und wie oft der Job laufen soll. Es ist sowohl möglich, eine Zeit, bestimmte Tage, Zeitabstände als auch andere Optionen zu nutzen, wie bereits oben beim Backup Job beschrieben.

Klicken Sie im letzten Schritt auf »Finish«, nachdem Sie sich die Details zu dem Job angesehen haben. Einen Schritt zurück kann man hier nicht mehr gehen.

Nachdem der Replication Job gelaufen ist, kann man sich die Details zu der Replizierung anschauen und/oder auch per Mail als Bericht zusenden lassen.

Aus einem Replikat lassen sich ebenfalls Dateien, Objekte usw. wiederherstellen – ähnlich wie bei der Sicherung.

Copy Jobs

Seit der Version 9.5 gibt es zwei verschiedene Kopier-Jobs, die sich aufgrund der jeweiligen Besonderheiten unterscheiden. Ich möchte hier beide Varianten und deren Einsatzmöglichkeiten aufzeigen.

File Copy Job

Mit einem File Copy Job können Sie Dateien und Ordner von einem Server oder Host auf einen anderen kopieren oder auch verschieben, wenn diese vorher zur Infrastruktur hinzugefügt wurden. Es ist auch möglich, eine voll funktionierende Kopie einer bestehenden virtuellen Maschine auf dem Backup Repository oder einem produktiven Volume zu erstellen, wobei man dies jedoch besser mit dem VM Copy Job erledigt (siehe nächster Punkt). Sinnvoll ist so ein Schritt, wenn Sie z.B. eine zusätzliche Sicherheitskopie einer Datei oder eines Ordners brauchen. Die Daten können von einem ESXi-Server, Hyper-V Host, Windows-Server oder auch Linux-Maschinen kommen und auch auf diese abgelegt werden. Hierfür muss ein Job für die sofortige oder spätere Durchführung angelegt werden, der auch regelmäßig laufen kann.

Es können keine Backup-Dateien (VBK, VIB und VRB) hiermit kopiert werden. Dafür gibt es den Backup Copy Job.

Wenn man unten links im Fenster den Eintrag »Files« auswählt, hat man auch die Möglichkeit, über das Kontextmenü Dateien und Ordner zu kopieren und an einem anderen Ort einzufügen, ohne einen Job dafür erstellen zu müssen. Drag und Drop ist hier ebenfalls möglich.

VM Copy Job

Um eine oder mehrere komplette VMs auf einen anderen Host oder einen anderen Storage zu kopieren, kann man diese Variante wählen. Wählt man einen Container, wie z.B. einen VM-Ordner oder Ressourcenpool, so werden alle darin befindlichen VMs kopiert. Läuft dieser Job regelmäßig, so werden auch neu hinzugekommene VMs berücksichtigt. Log-Dateien werden übrigens nicht kopiert, standardmäßig aber Templates.

Die Unterschiede zu dem oben beschriebenen Verfahren einer Replikation sind:

1. die Möglichkeit, einen lokalen oder an einen anderen Host angeschlossenen Storage auszuwählen. Wählen Sie einen ESXi-Server aus, so werden alle angeschlossenen Volumes aufgelistet, auf denen Sie einen bestehenden Ordner für die Kopie auswählen oder einen neuen anlegen können, wie in Abbildung 5-15 dargestellt.
2. Es wird jeweils der aktuelle Stand der VM »gespiegelt«, vorhandene Daten werden überschrieben.
3. Es kann keine inkrementelle Übertragung stattfinden.
4. Es werden keine Restore Points erstellt.
5. Die Festplatten der VM werden auf dem Ziel immer »thick provisioned« sein (bei einer Replikation kann dies ausgewählt werden)
6. Es gibt keine »Failover«- oder »Failback«-Funktionalität.

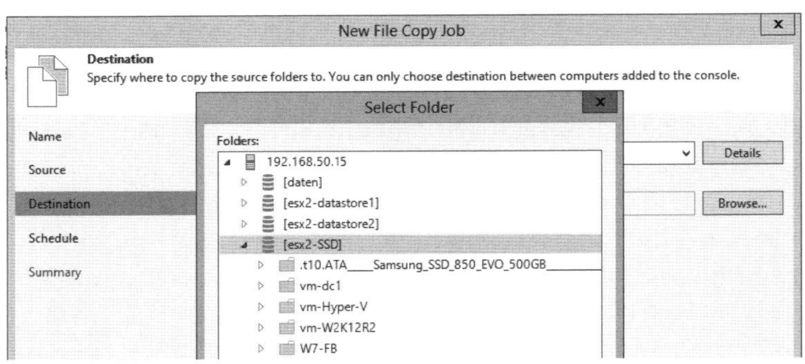

Abbildung 5-15: Auswahl des Speicherorts

Im Gegensatz zum herkömmlichen Kopieren über den Datastore-Browser wird hier über Veeam Backup & Replication eine deutlich höhere Geschwindigkeit erreicht, und die Daten werden vor der Übertragung komprimiert.

Auch hier müssen alle Server oder Hosts bereits zur Infrastruktur hinzugefügt worden sein.

Performance Bottlenecks

Nach jedem abgeschlossenen Job zeigt der B&R-Server an, wo ein »Flaschenhals« entdeckt wurde. Sind die Prozentangaben alle ungefähr gleich, so besteht kein Problem. Liegt allerdings einer der Werte deutlich höher als die anderen, so sollte man dem nachgehen. Je nach Konfiguration erscheinen dort Angaben zu folgenden beteiligten Komponenten:

1. Source – die Komponente, von der die Daten gelesen bzw. geholt werden
2. Proxy – die Backup-Komponente, die die Daten bearbeitet
3. Source WAN Accelerator – auf der Quellseite installierter WAN-Beschleuniger für Backup Copy oder Replication
4. Network – Netzwerk-Warteschlangenschreiber bekommt vom Proxy Daten, um sie zum Repository übers Netzwerk zu schicken
5. Target WAN Accelerator – auf der Zielseite installierter WAN-Beschleuniger für Backup Copy oder Replication
6. Target – das Backup-Laufwerk oder Replica Storage

Die jeweils gemachten %-Angaben bezeichnen die Zeit, die die jeweilige Komponente für den Job gebraucht hat, das heißt, dass die höchste %-Angabe den »Flaschenhals« anzeigt. Da mehrere Komponenten gleichzeitig arbeiten, werden auch mehr als 100% angezeigt.

Beispiel: Das Repository, auf das geschrieben werden soll, ist so langsam, dass es die ganze Zeit über arbeitet (z.B. 90%). Die Quelle, von der die Daten stammen, ist schnell (z.B. 30%) und verbringt somit 70% der Zeit mit Warten. Die schnelle Netzwerkverbindung arbeitet auch nur 1/3 der Zeit (33%), und der Proxy langweilt sich ¾ der Zeit (25%). Damit werden insgesamt mehr als 100% angezeigt. Optimal wäre es, wenn immer alle Komponenten arbeiten würden, also alle 100% hätten. Das ist jedoch nie möglich, weil z.B. die Zeit des Snapshot-Machens und -Löschens nicht für den Transport von Daten über Proxy und Netzwerk zum Storage genutzt werden kann.

Hat man beim Storage oder Proxy eine Bremse eingebaut, so werden in der Statistik nicht die Worte Target oder Network erscheinen, sondern das Wort »Throttling«.

Sicherung des Backup-Servers

Einmal pro Tag, üblicherweise um 10:00 Uhr, sichert der B&R-Server seine Konfigurationsdatenbank in eine Datei auf einem Repository. Sollte der Server neu installiert werden, so kann man diese Datei nutzen. Der B&R-Server selber sollte nicht über einen Backup Job gesichert werden, zumal es auch unsinnig wäre. Gegebenenfalls kann auch ein Copy Job auf eine Netzwerkfreigabe erfolgen. Das

»Configuration Backup« besteht aus einigen XML-Dateien, die in eine Backup-Datei mit der Endung BCO (eigenes Format, Backup Configuration Object) archiviert werden.

Folgende Informationen werden exportiert:

- Backup-Infrastrukturkomponenten und -Objekte: Host, Server, Proxies, WAN Accelerator, Jobs, globale Einstellungen etc.
- Backups: Backups, Replicas und Backup Copy
- Verlauf: Sicherungsverlauf (Backup Sessions)
- Tape: Tape Libraries

Wenn in großen Umgebungen ein externer SQL-Server genutzt wird, sollte man das Configuration Backup zu einer Zeit planen, in der nicht viele andere SQL-Anfragen laufen, da es hier zu einer hohen Last auf der Datenbank kommen kann.

Der Ordner *\VeeamConfigBackup\%BackupServer%* sollte auf einem sicheren Laufwerk und möglichst nicht auf dem Backup-Server selber liegen. Wenn ein neues Repository hinzugefügt wird, fragt Veeam B&R, ob es das »ConfigBackup« hierhin legen soll. Wird dieses bejaht, werden zukünftige BCO-Dateien dort abgelegt.

Scale-out Backup Repositories können hierfür nicht genutzt werden.
Wenn Sie die Konfigurationsdatenbank auf einen anderen Server migrieren wollen, sollten alle Jobs beendet und geplante Jobs deaktiviert werden, sonst schlägt der Vorgang fehl.

Das Wiederherstellen oder Migrieren funktioniert zwischen Version 8.0 Update 3 und 9.5, und zwar nur auf der lokalen Konsole des B&R-Servers. In dem Fenster »Configuration Backup Settings«, in dem man auch alle Einstellungen vornehmen kann, ist am unteren Ende die Schaltfläche »Restore«. Klickt man auf die Schaltfläche, öffnet sich ein Fenster mit einem Assistenten, der durch die Wiederherstellung oder Migration führt. Wählt man die Wiederherstellung über SQL-Server-Befehle, so gehen Sicherheitseinstellungen und Passwörter verloren. Hat man bei den Konfigurations-Backups keine Verschlüsselung angegeben, so gehen ebenfalls alle Passwörter verloren – diese muss man nach der Wiederherstellung manuell wieder eingeben. Weiterhin müssen die Jobs anschließend wieder aktiviert werden, da diese standardmäßig nach der Wiederherstellung deaktiviert sind.

Angelegte Jobs bearbeiten

Um alle angelegten Backup- und Replikationsjobs zu sehen, klicken Sie unter »Backup & Replication« auf den Ordner »Jobs«. Hierüber können Sie die Einstellungen zu den Jobs bearbeiten, diese starten und stoppen, wiederholen, klonen, Statistiken einsehen und nicht mehr benötigte Aufgaben löschen.

Bearbeiten von Jobs

Um die gemachten Einstellungen für eine Aufgabe zu bearbeiten oder zu überprüfen, können Sie den Job mit der rechten Maustaste anklicken und den Eintrag »Edit« auswählen oder das Icon im Ribbon anklicken.

Jobs klonen

Aus einem schon bestehenden Job kann mit den gleichen Einstellungen ein neuer kreiert werden, indem Sie den Job klonen. Beim Auswählen von »Clone« aus dem Ribbon oder dem Kontextmenü wird der ausgewählte Job mit gleichem Namen und der Endung »_clone1« angelegt. Der Inhalt ist ein exaktes Abbild des Ausgangsjobs, also auch die VMs und Zeiten sind identisch.

Öffnen Sie den Job anschließend, um Änderungen daran zu machen. Es kann sein, dass nicht alle vorherigen Einstellungen übereinstimmen, z.B. wenn diese den Ausgangsjob negativ beeinflussen würden. Dazu gehören auch die eingestellten Zeiten, weshalb der Klon erstmal deaktiviert ist.

Jobs deaktivieren und löschen

Wenn man eine eingerichtete geplante Aufgabe für einen undefinierten Zeitraum nicht benötigt, kann man diese deaktivieren. Klicken Sie dazu auf den Job und dann auf dem Ribbon oder dem Kontextmenü den Eintrag »Disable« an. Braucht man ihn wieder, so klickt man dazu auf den Job und dann wieder auf dem Ribbon oder dem Kontextmenü den Eintrag »Disable« erneut an.

Braucht man eine Aufgabe nicht mehr, so kann man den Job einfach mit einem Klick auf »Delete« löschen. Dabei wird dieser auch aus der Datenbank entfernt.

Bei einem »Backup Copy job« muss man zuerst die Synchronisation anhalten, indem man den Job auf »Disable« setzt; anschließend kann man auch diesen löschen. Beim Löschen des Jobs verbleiben aber die Dateien auf dem Datenträger. Sie können diese über den Eintrag »Disk (imported)« auch vom Datenträger löschen.

Laufenden Job abbrechen

Solange ein Job noch nicht fertiggestellt ist, kann dieser abgebrochen werden. Suchen Sie sich auf der linken Seite den fett gedruckten Eintrag »Running« raus und klicken Sie anschließend auf der rechten Seite mit der rechten Maustaste auf den laufenden Job. Aus dem Kontextmenü oder dem Ribbon können Sie nun den Prozess beenden.

KAPITEL 6
Wiederherstellung

Wenn wichtige Daten einer Maschine defekt sind oder gelöscht wurden, kann man die gesicherten Daten natürlich wiederherstellen. Dazu gibt es mehrere Möglichkeiten:

Ganze VM

Um eine komplette VM aus der Datensicherung zurückzuholen, kann man über »Home – Backups – Disk« den jeweiligen Job aussuchen, diesen erweitern (kleines Dreieck) und in dem Fenster die gewünschte VM auswählen. Anschließend kann man über das Ribbon oder das Kontextmenü den Punkt »Restore entire VM« wählen. Suchen Sie sich auf der nächsten Seite den gewünschten Restore Point der VM aus dem Backup aus. Das Datum der letzten Sicherung wird dann angezeigt, und über die Schaltfläche »Point« können Sie aus der Liste auch einen älteren Wiederherstellungspunkt auswählen, der dann übernommen wird.

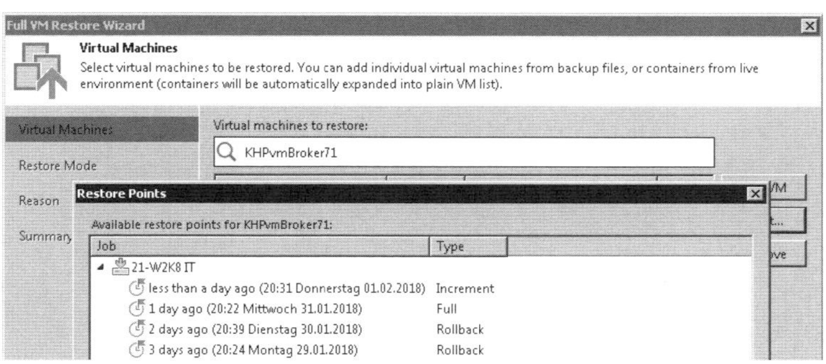

Abbildung 6-1: Auswahl der Restore Points

Auf der zweiten Seite »Restore Mode« haben Sie die Wahl zwischen dem bisherigen oder einem anderen Storage mit geänderten Einstellungen. Wählen Sie den zweiten Punkt, so erscheinen im linken Teil des Fensters weitere Einstellmöglichkeiten. Behalten Sie aber die Voreinstellung »Restore to the original location« bei, können Sie im unteren Teil des Fensters die Auswahl »Quick rollback« nutzen, um nur die geänderten Daten, z.B. nach einem fehlgeschlagenen Update der VM, zu nutzen. Dabei wird die komplette VM in den Zustand zum Zeitpunkt der ausgewählten Sicherung versetzt, aber nur die bis dahin geänderten Daten werden zurückgeschrieben (als hätte man vor den Änderungen einen Snapshot angelegt). Das reduziert nicht nur die notwendige Zeit für die Wiederherstellung, sondern belastet auch die produktive Umgebung deutlich weniger.

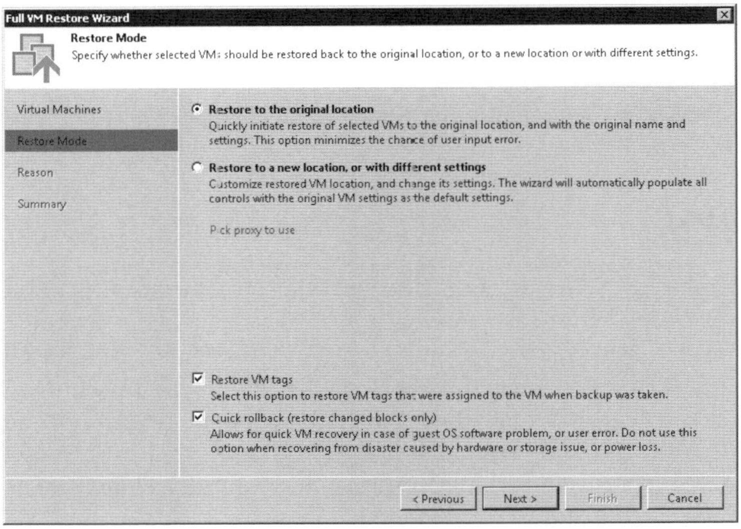

Abbildung 6-2: Zusätzliche Angaben zur Wiederherstellung

Je nach Auswahl auf der in Abbildung 6-2 aufgeführten Optionen können Sie auf den nächsten Seiten einen Host, einen Ressourcenpool (nur VMware), einen Datastore und einen Ordner (nur VMware) auswählen. Die Auswahl »Restore VM tags« gibt es nur unter VMware, der Link »Pick proxy to use« erscheint nur, wenn mindestens zwei Proxies konfiguriert wurden, wobei ein On-Host Proxy nicht darunter zählt.

Unter »Network« können Sie eine andere Portgruppe für die VM angeben und wählen, ob die Netzwerkkarte verbunden werden soll.

Im nächsten Fenster können Sie noch einen Grund (Reason) für diesen Job angeben und anschließend den Vorgang über die Schaltfläche »Finish« starten.

Wenn eine komplette VM wiederhergestellt wird, bekommt sie eine neue ID und ist damit nicht automatisch wieder in der Datensicherung, es sei denn, sie wird über einen Container gesichert.

Restore von verschlüsselten VMs

Wie bereits unter Punkt 5.2 erwähnt, kann man bei VMware vSphere virtuelle Maschinen verschlüsseln. Nicht nur das Backup, sondern auch der Wiederherstellungsprozess solcher VMs läuft deshalb anders als bei herkömmlichen Maschinen.

Die erneute Verschlüsselung läuft dabei über vSphere und nicht über den Backup-Server. Achten Sie beim Wiederherstellen einer ganzen VM, bei der Replikation und beim Starten aus dem Backup (Instant VM Recovery) deshalb auf den Produktions-Storage und die für verschlüsselte VMs notwendige Storage Policy (VM Encryption Storage).

Dateien einer VM

Unter Dateien einer VM wiederherstellen (Restoring VM Files) versteht man die Dateien, die sich auf einem Storage befinden und zu einer virtuellen Maschine gehören, also Festplatte (*.vhdx, *.vmdk und *–flat.vmdk), die Konfigurationsdateien (*.xml, *.vmxf und *.vmx) sowie ggf. das BIOS (*.nvram) und weitere.

Die Wiederherstellung dieser Dateien kann sinnvoll sein, wenn eine korrupt ist oder aus Versehen gelöscht wurde.

Auch hier wird wieder der »Restore Wizard« für die Arbeiten genutzt.

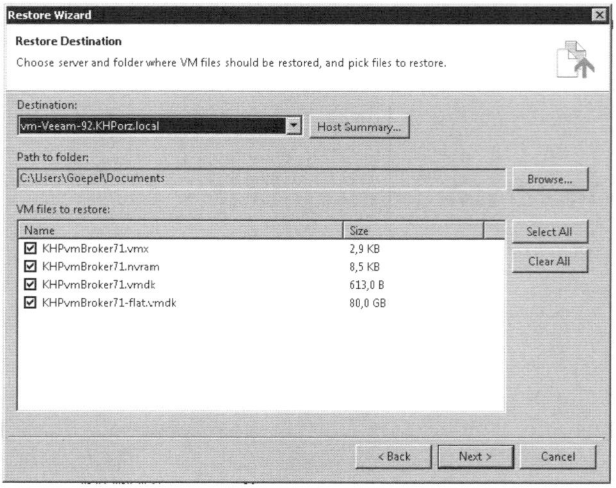

Abbildung 6-3: Restore-Point-Anzeige des Assistenten

Wählen Sie zunächst die gewünschte VM aus (Home – Backups – Disk – Job-Name), dann den Zeitpunkt der Sicherung (Restore Point), das Ziel (Host), den gewünschten Datastore und schließlich den Ordner der VM. In einem weiteren Fenster können Häkchen in die Kästchen gesetzt werden, um eine oder mehrere der oben genannten Dateien aus dem Backup auf den Storage zu kopieren. Geben Sie bei Bedarf eine Begründung ein und starten Sie den Job mit einem Klick auf »Finish«.

Festplatten einer VM wiederherstellen

Eine oder mehrere Festplatten der virtuellen Maschinen können in demselben Ordner oder auch einem anderen zurückgesichert werden. Nehmen Sie den Originalspeicher, so muss die VM vorher ausgeschaltet sein, ansonsten wird diese von Veeam abgeschaltet, um die Änderungen durchführen zu können.

Auch hier wird wieder der »Restore Wizard« für die Arbeiten genutzt.

Gehen Sie wie oben erwähnt vor und wählen Sie zunächst die gewünschte VM aus und dann den Zeitpunkt der Sicherung (Restore Point) der VM.

In dem Fenster »Disk Mapping« können Häkchen in die Kästchen gesetzt werden, um eine oder mehrere der Festplatten aus dem Backup auf den Storage zu kopieren. Standardmäßig werden die Laufwerke wieder in den Originalspeicher der VM gelegt. Möchten Sie das nicht, weil die VM zwischenzeitlich verschoben wurde oder weil Sie die Festplatten an eine andere VM hängen wollen, müssen Sie die Ziel-VM (Target VM) manuell auswählen. Anschließend können Sie noch Einstellungen vornehmen, indem Sie auf »Change« klicken. Gegebenenfalls müssen Sie noch den Knoten des virtuellen Gerätes (Virtual Node) ändern, also z.B. (1:1). Auch die Festplattenbereitstellung (Thin oder Thick) kann noch ausgewählt werden.

Das »Quick rollback« ersetzt die Festplatte der VM über eine inkrementelle Rücksicherung. Dabei werden nur die Änderungen zur jetzigen Festplatte übertragen, was deutlich schneller geht.

Geben Sie bei Bedarf eine Begründung ein und starten Sie den Job mit einem Klick auf »Finish«. Im unteren Teil des Fensters können Sie die VM nach Abschluss der Wiederherstellung sofort einschalten lassen.

Dateien aus Gastbetriebssystemen

Unter dem Begriff »File Level Restore« versteht man das Wiederherstellen von Dateien aus dem Betriebssystem einer VM.

Wenn Dateien von einem Windows-Rechner wiederhergestellt werden sollen, wird der gewünschte Restore Point vom Mount Server geladen. Wird ein anderes Dateisystem, z.B. Linux, ausgewählt, wird eine sogenannte Helper Appliance dafür eingesetzt. Da zwischen der Console und dem Mount Server zwischen 50 und bis zu 400 MByte an Daten anfallen, sollte man bei langsamen Netzwerkverbindungen gegebenenfalls die Console auf dem Server selber starten.

Um einzelne Dateien (Guest Files) aus dem Betriebssystem einer Windows VM zurückzubekommen (File Level Recovery) nutzt Veeam Backup & Replication ein separates Programm namens Virtual Disk Driver (VDK). Dabei werden auf dem Backup-Server die Dateien aus der Sicherung der gewünschten VM zur Verfügung gestellt und können so z.B. über das Netzwerk kopiert werden. Die Sicherungsplatte wird gemountet, und Sie können mittels eines Veeam-Backup-Browsers oder dem Explorer die Dateien kopieren, als wären Sie auf Ihrem Rechner gespeichert. Eine Änderung der Dateien ist nicht möglich.

Nutzen Sie das normale Inkrementelle Backup, so können Sie die Dateien sogar während des laufenden Jobs bekommen – beim Reverse Incremental Backup und beim Replizieren nicht.

Falls Sie die Dateien direkt in die laufende VM zurückschreiben möchten, müssen die VMware Tools bzw. Hyper-V Integration Components dort laufen.

Auch hier wird wieder der »Restore Wizard« für die Arbeiten genutzt.

Wählen Sie zunächst »Guest files (Windows)«, dann die gewünschte VM aus und anschließend den Zeitpunkt der Sicherung (Restore Point) der VM.

Geben Sie bei Bedarf eine Begründung ein und starten Sie den Job mit einem Klick auf »Finish«.

In einem neuen Fenster wird der Inhalt der Datensicherung mit Ordnern und Dateien im Backup-Browser angezeigt.

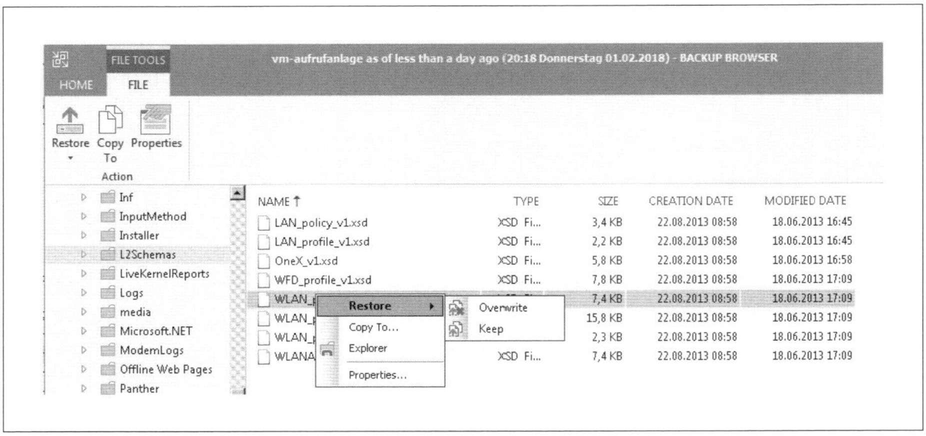

Abbildung 6-4: Dateiwiederherstellung – Auswahl

Hier haben Sie die Möglichkeit,

- die Datei(en) und Ordner an den Originalplatz zu kopieren (Restore),
- die Dateien und Ordner an einen anderen Platz zu kopieren (Copy to),
- sich die Eigenschaften der Datei anzeigen zu lassen (Properties).
- Unter »Home« haben Sie die Möglichkeit,
- die Ansicht der Liste einzustellen,
- den Inhalt der Festplatte im Explorer zu sehen (C:\VeeamFLR\<VM Name>\Volumen), und
- unter »Application Items« können Objekte aus dem Active Directory, Exchange, SharePoint und SQL wiederhergestellt werden.

Wenn Sie fertig sind, schließen Sie das Fenster einfach über das weiße Kreuz oben rechts in der Ecke. Der Ordner C:\VeeamFLR bleibt zwar bestehen, ist aber anschließend leer, da die Sicherung gelöst (unmounted) wurde.

Wollen Sie beispielsweise Objekte (Items) von einem Exchange Server wiederherstellen und wählen diese unter »Application Items« aus, so wird der Veeam Explorer für Exchange gestartet und zeigt Ihnen die Datenbank(en) an, damit Sie dort Zugriff auf die Objekte bekommen. Es ist auch möglich, hier nach einstellbaren Kriterien zu suchen (Näheres weiter unten bei Veeam Explorer für Microsoft Exchange).

Sollten in den Namen der Dateien nichtunterstützte Zeichen vorkommen und die Wiederherstellung sollte nicht am Originalort stattfinden, werden diese Zeichen entfernt. Also z.B. »Script.vbs.txt« wird zu »Scriptvbs.txt«. Das können Sie vermeiden, indem Sie nicht den Veeam-Browser sondern den Windows Explorer dafür benutzen.

Dateien von Nicht-Windows VMs wiederherstellen

Mit dem »Veeam multi-OS restore wizard« können auch Dateien aus anderen Betriebssystemen von VMs wiederhergestellt werden. Insgesamt werden zurzeit 19 Dateisysteme von Linux, Unix, BSD, MacOS, Novell und anderen unterstützt.

Für die Wiederherstellung einzelner Dateien aus diesen Dateisystemen nutzt Veeam eine temporäre VM (Virtual Appliance), die zur Laufzeit in der virtuellen Umgebung bereitgestellt wird, und bindet die gewünschten Festplatten aus der Datensicherung direkt an diese Appliance-VM.

Nutzen Sie das normale Inkrementelle Backup, so können Sie die Dateien sogar während des laufenden Jobs bekommen – beim Reverse Incremental Backup und beim Replizieren geht das nicht.

Falls Sie die Dateien direkt in die laufende VM zurückschreiben möchten, müssen die VMware Tools bzw. Hyper-V Integration Components dort laufen. Wollen Sie die Dateien auf einen anderen Rechner übertragen (Copy to) und wollen eine Linux-Maschine dafür nutzen, dann muss diese Maschine in der Liste der Server auf dem Backup & Replication Server eingetragen sein.

Auch hier wird wieder der »Restore Wizard« für die Arbeiten genutzt.

Wählen Sie zunächst »Guest files (Linux and other)«, dann die gewünschte VM aus und anschließend den Zeitpunkt der Sicherung (Restore Point) der VM.

Geben Sie bei Bedarf eine Begründung ein und klicken Sie auf »Next«. Dann müssen Sie über die Schaltfläche »Customize« einen Host für die Appliance auswählen und starten den Job mit einem Klick auf »Finish«.

Auf dem ausgewählten Host wird ein NAS-Datenspeicher mit dem Namen VeeamBackup_<Name des Backupservers> gemountet, auf dem sich die Appliance mit Namen VeeamFLR_<Name der VM> befindet. Diese belegt nur geringe Ressourcen: 1024 MByte RAM, 1 vCPU und eine Festplatte mit der Größe der VM. Gestartet wird diese über ein Floppy- und ISO-Image.

In einem neuen Fenster wird der Inhalt der Datensicherung im Backup-Browser angezeigt.

Hier können Sie wie oben schon beschrieben weiter verfahren.

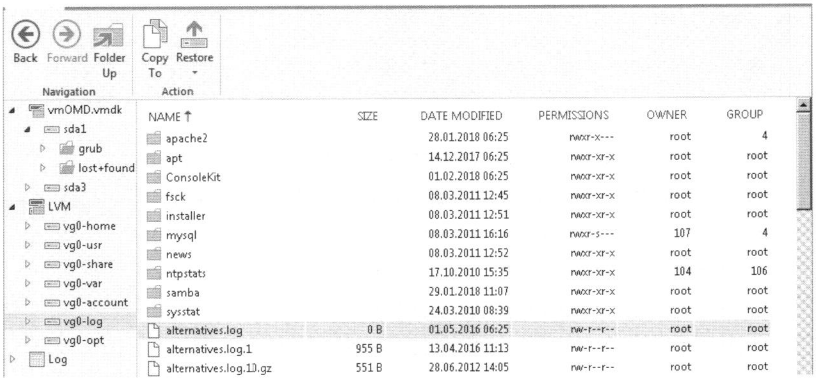

Abbildung 6-5: File Level Restore von Linux

Wenn Sie das Fenster schließen, wird die Appliance gelöscht, aber der Datenspeicher wird auf dem Host ggf. weiter angezeigt. Um das zu bereinigen, klicken Sie auf den blauen Link »Aktualisieren«.

VM aus Backup starten

Unter »Instant VM Recovery« versteht man das Starten einer VM aus dem Backup Repository direkt auf einem ESXi oder Hyper-V Host. Dazu benötigen Sie mindestens eine erfolgreiche Sicherung der VM und 10 GByte freien Speicher auf dem Laufwerk, wo vPower NFS liegt (C:\ProgramData\Veeam\Backup\NfsDatastore) für die Redo Logs. Stellen Sie sicher, dass die defekte Maschine dabei ausgeschaltet ist.

Unter »Home« klicken Sie zunächst auf »Restore«, und in dem neuen Fenster wählen Sie den ersten Punkt »Instant VM Recovery«. Suchen Sie sich auf der nächsten Seite die gewünschte VM aus einem Backup raus. Das Datum der letzten und die Anzahl der gespeicherten Sicherungen werden dann angezeigt, und im nächsten Fenster können Sie aus der Liste einen Wiederherstellungspunkt auswählen.

Auf der dritten Seite »Restore Mode« haben Sie die Wahl zwischen dem bisherigen oder einem anderen Storage mit geänderten Einstellungen. Wählen Sie den zweiten Punkt, so erscheinen im linken Teil des Fensters weitere Einstellmöglichkeiten.

Auf der Seite »Destination« können Sie einen ESXi oder Hyper-V-Server, einen Ordner für die VM und ggf. einen abweichenden Namen eingeben sowie einen Ressourcenpool auswählen.

Unter »Datastore« können Sie eine Umleitung (z.B. für temporäre Dateien oder Benutzerzugriffe) für den Speicherort angeben.

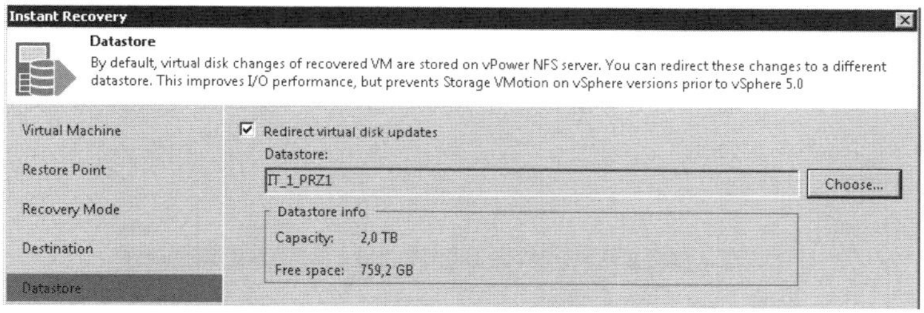

Abbildung 6-6: Umleitung für neuere Daten

Im nächsten Fenster können Sie noch einen Grund für diesen Job angeben und im vorletzten Fenster noch einstellen, ob die VM nach der Erstellung gestartet und das Netzwerk verbunden sein soll.

Das letzte Fenster zeigt dann den Status der Operation an:

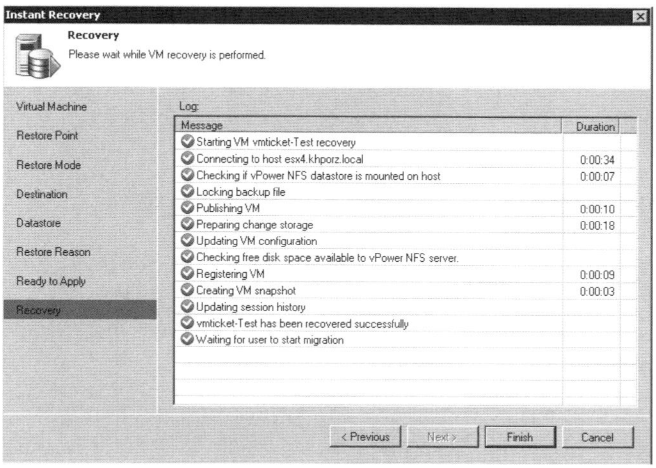

Abbildung 6-7: Warten auf Aktion des Users

Das Fenster wird geschlossen, wenn Sie auf »Finish« geklickt haben. Anschließend sehen Sie den neuen Job »Instant Recovery« oberhalb der anderen Jobs. Wenn Sie nun auf den Eintrag klicken, stehen Ihnen zusätzliche Schaltflächen, z.B. für das Migrieren in die Produktionsumgebung, zur Verfügung.

Wenn Ihre Lizenz und Ihre virtualisierte Umgebung es zulassen, das Verschieben auf einen produktiven Storage darüber zu machen, sollten Sie dies bevorzugen, weil die VM von Veeam sonst mehrfach eingefroren werden muss.

Möchten Sie den Vorgang abbrechen oder nach erfolgter Verschiebung beenden, so klicken Sie auf »Stop publishing«; anschließend folgt wiederum ein Fenster, welches den Status anzeigt:

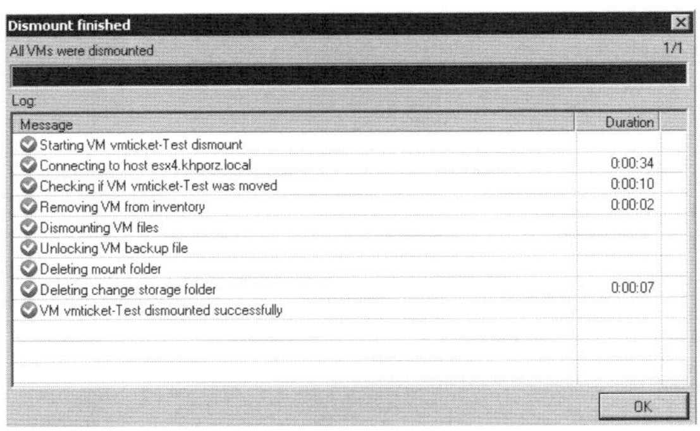

Abbildung 6-8: Aktion rückgängig machen

Anschließend wird je nach Auswahl (Abbruch oder Beenden) auf der virtualisierten Umgebung von Veeam »aufgeräumt«.

Management Server wiederherstellen

Üblicherweise werden ausgefallene VMs über den vCenter Server oder SCVMM wiederhergestellt. Ist dieser selbst von einem Ausfall betroffen, so scheitert natürlich der Versuch, eine ganze VM oder auch nur Teile von dieser wiederherzustellen. In diesem Fall müssen Sie wie folgt vorgehen:

1. Melden Sie sich wie gewohnt über die Konsole am Backup-Server an.
2. Klicken Sie links unten auf Backup Infrastructure, dann auf Managed Servers und schließlich im Ribbon auf das Icon Add Server.
3. Fügen Sie einen ESXi oder Hyper-V Host zu der Liste hinzu (denken Sie an die Anmeldedaten des Hosts: z. B. root mit seinem Passwort).
4. Klicken Sie links unten auf Backup & Replication und dann unter Backups auf Disk.
5. Suchen Sie sich den Job heraus, in dem der Management Server gespeichert wurde, klappen Sie diesen auf und wählen die VM aus.

6. Klicken Sie auf das Icon »Entire VM« und wählen Sie im Assistenten »Restore to a new location« und dann auf Next. Der Vorgang »Loading VM data« dauert sehr lange, werden Sie nicht ungeduldig.
7. Im nächsten Fenster betätigen Sie die Schaltfläche »Host« und suchen Sie den hinzugefügten Host aus (sonst versucht Veeam, den Management Server zu erreichen, was ja nicht geht), Next.
8. Bestätigen Sie die Meldung, dass die VM überschrieben wird, Next.
9. Die Netzwerkportgruppe der VM muss nun bestätigt und im nächsten Fenster Finish gewählt werden.

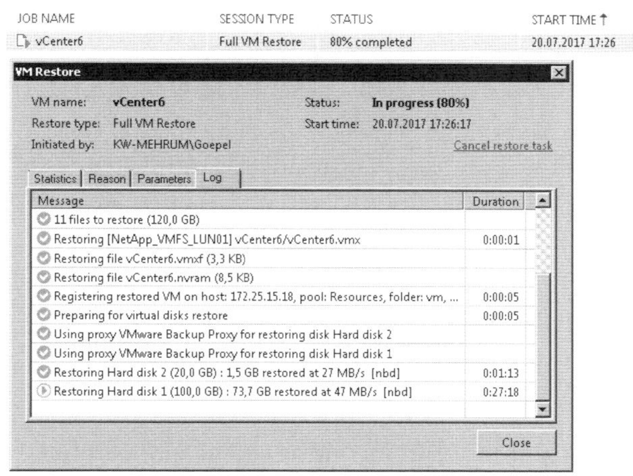

Abbildung 6-9: Wiederherstellung des vCenter Servers

10. Wenn der Server wiederhergestellt wurde, sollten Sie sich auf dem vorher hinzugefügten Host anmelden, die neue VM starten und die vSphere- bzw. Hyper-V-Dienste überprüfen, ob diese laufen (vor allem der Start des VMware-VirtualCenter-Server-Dienstes dauert sehr lange).
11. Nicht vergessen: Wenn der Management Server wieder funktioniert, den Backup Job des Servers aktualisieren, also den neuen Management Server wieder hinzufügen und den ehemaligen löschen, da Veeam sich die ID und nicht den Namen der VM merkt.

Der vorher hinzugefügte Host sollte aus der Infrastruktur unter Veeam wieder gelöscht werden. Die wiederhergestellte VM hat eine neue ID und muss im Backup Job neu hinzugefügt werden.

Reihenfolge der VM-Festplatten

Wenn Sie eine komplette VM wiederherstellen, egal ob über »Full VM Restore« oder »Instant VM Recovery«, kann es sein, dass die Festplatten nicht wie vorher durchnummeriert sind, also die erste Festplatte über SCSI (0:0), die zweite über (0:1) usw. Innerhalb des Gastbetriebssystems gibt es aber keine Probleme, egal ob es sich um SCSI-, IDE- oder SATA-Platten handelt. Es gibt hier also nichts zu tun. Falls Sie das stört, müssen Sie die VM herunterfahren, die Festplatten entfernen (nicht von Festplatte löschen) und anschließend neu wieder in der gewünschten Reihenfolge hinzufügen. Veeam speichert nicht die Zuordnung der Platten, sondern stellt die Laufwerke nach der Wiederherstellung der Reihenfolge nach dem Adapter zur Verfügung.

Physische Maschinen wiederherstellen

Haben Sie physische Maschinen gesichert, so werden die Daten im Backup-Server ebenfalls unter »Home – Backups – Disk« angezeigt. Klicken Sie im rechten Fenster auf »Agents«, erweitern Sie die Anzeige und suchen Sie sich die gewünschte Maschine raus.

Wollen Sie den Rechner wieder auf Hardware herstellen, benötigen Sie jetzt das Recovery Media. Starten Sie den Rechner (von USB-Stick oder CD) und folgen Sie den Anweisungen des Assistenten.

Es gibt ebenfalls zwei Möglichkeiten, den Rechner in die virtuelle Welt zu bringen:

1. Erstellen Sie dazu in Ihrer Infrastruktur eine neue VM ohne Festplatten und stellen Sie über Veeam (Export Disks) die Festplatten in dem Ordner der VM her. Binden Sie diese über einen Client an die VM und starten Sie sie (ggf. ohne Netzwerkverbindung, falls die physische Maschine noch läuft).
2. Erstellen Sie eine VM mit den Hardwareanforderungen der physischen Maschine, starten Sie diese über eine zuvor erstellte ISO-Datei als Recovery Media und folgen Sie den Anweisungen des Assistenten.

KAPITEL 7

Veeam Explorer

Unter diesem Begriff verbergen sich fünf Tools, die für spezielle Anwendungen unter Microsoft-Servern zum Wiederherstellen von Objekten genutzt werden können. Diese werden nachfolgend beschrieben.

Active Directory

Sie können den Veeam Explorer für Microsoft Active Directory benutzen, um jegliche Objekte aus einer erfolgreichen Sicherung oder Replizierung zurückzubekommen. Voraussetzung ist jedoch, dass der dazugehörige Sicherungsjob mit dem Häkchen bei »application-aware image processing« versehen war und die dazugehörenden Optionen richtig konfiguriert waren, also z. B. der Anmeldename und das Passwort.

Um Objekte aus Microsoft Active Directory wiederherzustellen, gehen Sie wie folgt vor:

1. Klicken Sie unten links auf »Home« und suchen Sie in der Liste z. B. unter »Backups – Disk« nach dem gewünschten Backup- oder Replizierungsjob.
2. Klappen Sie den Ordner auf, um die darin befindlichen, gesicherten VMs zu sehen, und klicken Sie die gewünschte an.
3. Über das Icon »Application Items« im Ribbon erreichen Sie ein Dropdown-Feld, aus dem Sie aus sechs Einträgen dann »Microsoft Active Directory« auswählen.

Abbildung 7-1: Objekte aus Anwendungen wiederherstellen

4. In dem folgenden Fenster können Sie den Wiederherstellungspunkt nach Datum und Typ (Increment oder Full) aussuchen.
5. Sie können auch hier eine Begründung für die Wiederherstellung eintragen. Nach einem Klick auf »Finish« wird das aktuelle Fenster geschlossen und der Veeam Explorer für Microsoft Active Directory gestartet.

In dem dann folgenden Fenster werden zunächst die Datenbank und die Domäne angezeigt, die in der Sicherung gefunden wurde. Ähnlich wie auf einem Domaincontroller zeigt der Explorer die Struktur an.

Je nachdem auf welches Objekt man in der Baumstruktur klickt, werden im Ribbon verschiedene Icons angezeigt, über die Aktionen ausgelöst werden können.

Abbildung 7-2: Veeam Explorer für Active Directory Ribbons

Bei großen Umgebungen kann man in der rechten Hälfte des Fensters den schmalen weißen Streifen benutzen, um nach Objekten zu suchen.

Je nach Objekt kann wiederum eine direkte Wiederherstellung oder auch ein Export (z.B. als *.ldf Datei) gemacht werden.

Weiterhin gibt es die Möglichkeit, die gefundenen Objekte mit der Produktionsumgebung zu vergleichen (Home – Compare All Objects). Anschließend können Sie auf das Wort »Status« klicken und die Liste sortieren, um z.B. gelöschte oder geänderte Einträge zu sehen.

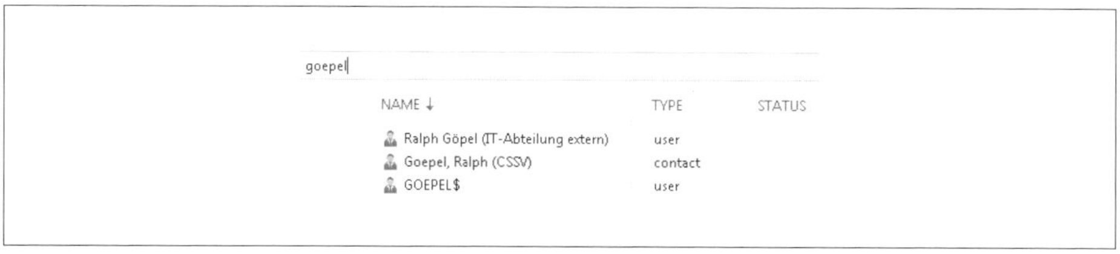

Abbildung 7-3: Vergleich der AD-Datenbank mit der Datensicherung

Wenn Sie Ihre Arbeiten abgeschlossen haben, können Sie das Fenster schließen. Veeam löst die Bindung zu der Sicherung und schließt den Explorer anschließend.

Einen kompletten DC wiederherstellen

Wenn Ihre Domäne mehrere Domaincontroller beherbergt, replizieren diese sich ständig. Bei jeder Änderung wird eine USN (Update Sequence Number) hochgezählt. Haben Sie bei dem Sicherungsjob von Veeam den Haken bei »application-aware image processing« versehen und die dazugehörenden Optionen richtig konfiguriert, also z.B. den Anmeldenamen und das Passwort, so können Sie auch einen einzelnen DC ohne Probleme zurückspielen. Die Wiederherstellung geschieht damit vollautomatisch und benötigt keine weiteren Eingriffe des Benutzers. Der BS stellt den DC in einem »nicht-autoritativen« Modus wieder her, und beim ersten Start wird der »Directory Services Restore Mode« (DSRM) geladen. Nach dem automatischen Neustart wird die VM im normalen Modus gestartet und kann sich mit den anderen DCs wieder replizieren.

Gibt es in Ihrer Umgebung nur einen Domaincontroller, so können Sie dieses Verfahren ebenfalls nutzen.

> Wenn die Zeit zwischen der Sicherung und der Wiederherstellung zu groß ist, kann es passieren, dass die verbliebenen DCs den wiederhergestellten als unzuverlässig einstufen und ihn aus der Domäne »verbannen«. Überlegen Sie sich deshalb vor dem Zurückspielen, ob es nicht ggf. einfacher und besser ist, einen neuen Server aufzusetzen und diesen zu einem weiteren DC zu machen. Übrigens ist die maximale Zeit (Tombstone Lifetime) bei einem DC 180 Tage. Danach lässt auch Veeam keine Wiederherstellung mehr zu.

Eine komplette AD-Infrastruktur wiederherstellen

Sollten Sie eine komplette AD-Umgebung wiederherstellen müssen, so suchen Sie sich zunächst zwei DCs aus, um diese wie oben beschrieben zurückzuspielen. Achten Sie darauf, dass mindestens einer davon auch DNS-Server ist. Gehen Sie dabei wie folgt vor:

1. Nach dem ersten (automatischen) Neustart drücken Sie die Taste »F8«, um eine autoritative Wiederherstellung zu machen.

2. Melden Sie sich an, öffnen Sie eine Kommandozeile und geben Sie »ntdsutil« ein.
3. An dem Prompt geben Sie »authoritative restore« ein und drücken Enter.
4. Am Prompt »ntdsutil authoritative restore:« geben Sie "restore database" ein und drücken wieder Enter.
5. Wenn die Wiederherstellung komplett ist, klicken Sie auf die Schaltfläche »Yes« und anschließend »quit« und Enter.
6. Danach startet der Server neu.
7. Melden Sie sich anschließend am Server an und zwingen Sie ihn, für SYSVOL ebenfalls autoritativ zu sein. Informationen dazu finden Sie je nach Serverversion und Funktionsstufe der Domäne (FRS oder DFRS) bei Microsoft unter *https://technet.microsoft.com/en-us/library/cc816897(WS.10).aspx*.
8. Die anschließende Replikation zwischen den ersten beiden DCs erfolgt automatisch. Danach können Sie die anderen ohne weitere Bearbeitung folgen lassen.

Wenn Sie alle DCs sofort zurückspielen würden, kann eine funktionierende Replikation bis zu 30 Minuten dauern – und bis dahin ist das Active Directory nicht funktionstüchtig.

Exchange

Sie können den Veeam Explorer für Exchange benutzen, um jegliche Objekte aus einer erfolgreichen Sicherung oder Replizierung zurückzubekommen. Voraussetzung ist jedoch, dass der dazugehörige Sicherungsjob mit dem Häkchen bei »application-aware image processing« versehen war und die dazugehörenden Optionen richtig konfiguriert waren, also z.B. der Anmeldename und das Passwort.

> Beachten Sie dabei, dass beim »application-aware image processing« nicht die »SQL Logs truncating« abgestellt sein dürfen, weil sonst die Exchange Logs ebenfalls nicht gelöscht werden.

Um Objekte aus Exchange wiederherzustellen, gehen Sie wie folgt vor:

1. Klicken Sie unten links auf »Home« und suchen Sie in der Liste z.B. unter »Backups – Disk« nach dem gewünschten Backup- oder Replizierungsjob.
2. Klappen Sie den Ordner auf, um die darin befindlichen, gesicherten VMs zu sehen, und klicken Sie die gewünschte an.
3. Über das Icon »Application Items« im Ribbon erreichen Sie ein Dropdown-Feld, aus dem Sie aus sechs Einträgen dann »Microsoft Exchange« auswählen.
4. In dem folgenden Fenster können Sie den Wiederherstellungspunkt nach Datum und Typ (Increment oder Full) aussuchen.

5. Sie können auch hier eine Begründung für die Wiederherstellung eintragen. Nach einem Klick auf »Finish« wird das aktuelle Fenster geschlossen und der Veeam Explorer für Microsoft Exchange gestartet.

In dem dann folgenden Fenster werden zunächst die *.edb-Datenbank(en) angezeigt, die in der Sicherung gefunden wurden. Ähnlich wie auf einem Exchange Server zeigt der Explorer die Struktur an.

Abbildung 7-4: Veeam Explorer für Exchange

Je nachdem auf welches Objekt man in der Baumstruktur klickt, werden im Ribbon verschiedene Icons angezeigt, über die Aktionen ausgelöst werden können.

Bei großen Umgebungen kann man in der rechten Hälfte des Fensters den schmalen weißen Streifen benutzen, um nach Objekten zu suchen.

Je nach Objekt kann wiederum eine direkte Wiederherstellung oder auch ein Export (z. B. als *.pst Datei) gemacht werden.

Weiterhin gibt es die Möglichkeit, die gefundenen Objekte zu sichern oder auch zu verschicken. Was jeweils in dem Fenster auf der linken Seite angezeigt wird, hängt hier von den eingerichteten Objekten ab.

Abbildung 7-5: Auswahl der Objekte aus Exchange

Wenn Sie Ihre Arbeiten abgeschlossen haben, können Sie das Fenster schließen. Veeam löst die Bindung zu der Sicherung und schließt den Explorer anschließend.

> Üblicherweise lassen sich die Objekte nicht direkt wieder in das gesicherte Postfach kopieren, weil dafür die Berechtigungen fehlen. Es gibt für MS Exchange einen speziellen User, den man dafür anlegen kann – das ist jedoch aus Datenschutzgründen in Deutschland nicht erlaubt.

MS SQL

Sie können den Veeam Explorer für Microsoft SQL benutzen, um jegliche Objekte aus einer erfolgreichen Sicherung oder Replizierung zurückzubekommen. Voraussetzung ist jedoch, dass der dazugehörige Sicherungsjob mit dem Häkchen bei »application-aware image processing« versehen war und die dazugehörenden Optionen richtig konfiguriert waren, also z.B. der Anmeldename und das Passwort.

Um Objekte aus SQL wiederherzustellen, gehen Sie wie folgt vor:

1. Klicken Sie unten links auf »Home« und suchen Sie in der Liste z.B. unter »Backups – Disk« nach dem gewünschten Backup- oder Replizierungsjob.
2. Klappen Sie den Ordner auf, um die darin befindlichen, gesicherten VMs zu sehen, und klicken Sie die gewünschte an.
3. Über das Icon »Application Items« auf der Symbolleiste erreichen Sie ein Dropdown-Feld, aus dem Sie aus sechs Einträgen dann »Microsoft SQL Server« auswählen.
4. In dem folgenden Fenster können Sie den Wiederherstellungspunkt nach Datum und Typ (Increment oder Full) aussuchen.
5. Sie können auch hier eine Begründung für die Wiederherstellung eintragen. Nach einem Klick auf »Finish« wird das aktuelle Fenster geschlossen und der Veeam Explorer für Microsoft SQL Server gestartet.

In dem dann folgenden Fenster werden zunächst die ausgewählte VM und die darauf befindlichen Datenbanken angezeigt, die in der Sicherung gefunden wurden. Ähnlich wie auf einem SQL-Server zeigt der Explorer die Struktur an.

Je nachdem welches Objekt man in der Baumstruktur anklickt, werden im Ribbon verschiedene Icons angezeigt, über die Aktionen ausgelöst werden können.

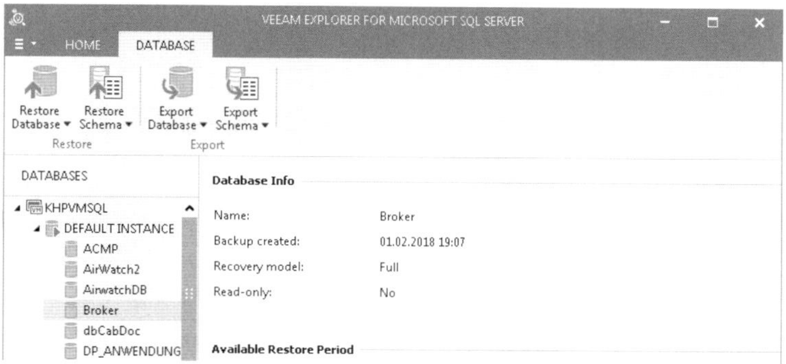

Abbildung 7-6: Veeam Explorer für MS SQL

Je nach Objekt kann wiederum eine direkte Wiederherstellung (Restore Database) oder auch ein Export (z.B. als *.mdf- und *.ldf-Datei) gemacht werden.

In dem Fenster auf der rechten Seite wird angezeigt, welche Daten sich hinter der jeweiligen Datenbank verbergen.

Wenn Sie Ihre Arbeiten abgeschlossen haben, können Sie das Fenster schließen. Veeam löst die Bindung zu der Sicherung und schließt den Explorer anschließend.

Sollten Sie bei diesem Vorgang eine Meldung bekommen, dass der Staging SQL Server nicht konfiguriert ist, können Sie das jetzt nachholen. Dieser wird für einige Wiederherstellungsvorgänge benötigt. Sie können dafür auch den lokalen SQL-Server von Veeam benutzen.

Haben Sie die Transaktions-Logs ebenfalls gesichert, lässt sich der Zustand natürlich auch auf den letzten Zeitpunkt des Logs wiederherstellen.

Oracle

Sie können den Veeam Explorer für Oracle benutzen, um jegliche Objekte aus einer erfolgreichen Sicherung oder Replizierung zurückzubekommen. Voraussetzung ist jedoch, dass der dazugehörige Sicherungsjob mit dem Häkchen bei »application-aware image processing« versehen war und die dazugehörenden Optionen richtig konfiguriert waren, also z.B. der Anmeldename und das Passwort für den SYSDBA.

Um Objekte aus Oracle wiederherzustellen, gehen Sie wie oben bei Microsoft SQL beschrieben vor.

Haben Sie die Transaktions-Logs ebenfalls gesichert, lässt sich der Zustand natürlich auch auf den letzten Zeitpunkt des Logs wiederherstellen.

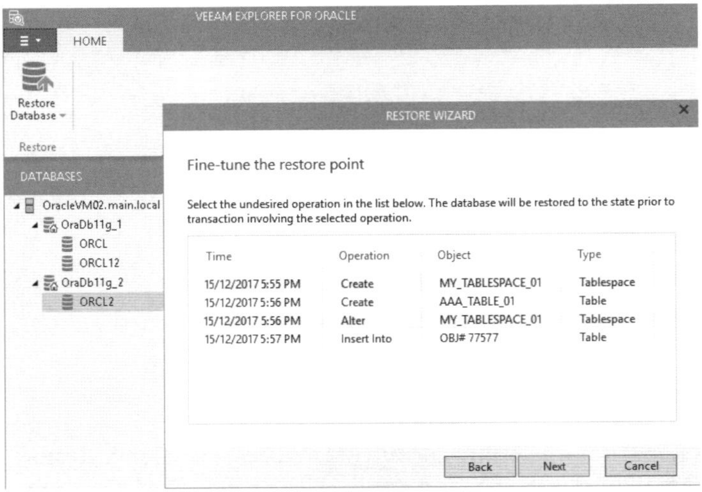

Abbildung 7-7: Veeam Explorer für Oracle

Der Explorer für Oracle unterstützt sowohl 32- als auch 64-Bit Windows und Linux VMs und die Versionen Oracle 11 und 12. Er ist kompatibel mit dem Oracle Automatic Storage Management (ASM), jedoch werden zurzeit keine Real Application Clusters (RAC) unterstützt.

SQL- und Oracle-Datenbanken ausschließen

Wenn man beim Backup Job den Punkt »Application Image Processing« ausgewählt hat, werden alle Datenbanken von allen VMs in diesem Job gesichert. Möchte man hier eine Ausnahme generieren, so muss man wie folgt vorgehen:

1. Melden Sie sich an dem BS mit administrativen Rechten an.
2. Schließen Sie ggf. die B&R-Konsole.
3. Starten Sie Regedit.exe auf dem Server und navigieren Sie zu dem Key HKLM\Software\Veeam\Veeam Backup and Replication\.
4. Fügen Sie zwei neue Einträge als DWORD-Wert (32-Bit) jeweils mit dem Wert »1« ein: »EnableDBExclusions« und »UseGlobalExclusions«.
5. Beenden Sie Regedit.exe und öffnen Sie die Konsole.
6. Aus dem Hauptmenü (die drei waagerechten Striche oben links) können Sie jetzt »Database Exclusions« und anschließend in dem Fenster »Add« auswählen.
7. Geben Sie den FQDN oder die IP-Adresse sowie den Instanznamen (hier bitte Groß- und Kleinschreibung beachten) an, den Sie von der Sicherung ausschließen wollen.

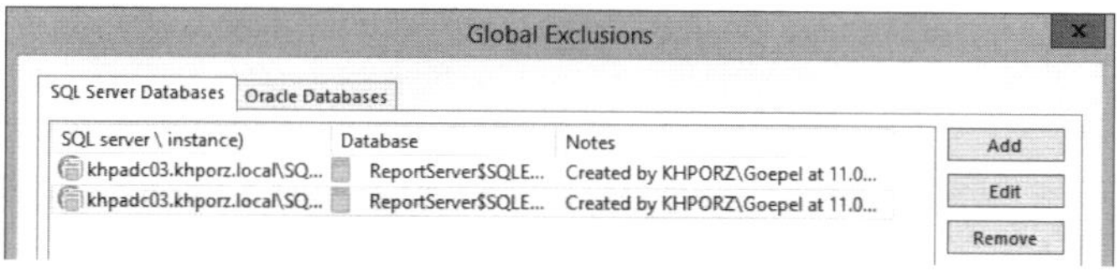

Abbildung 7-8: Ausnehmen von SQL-Instanzen

Bei der nächsten Sicherung wird diese Instanz ausgespart.

Sollten Sie einen Fehler wie »SQL VSS Writer is missing: databases will be backed up in crash-consistent" bekommen, so kann dies unterschiedliche Ursachen haben:

- Der Name der Datenbank enthält ein Leerzeichen – dann bitte umbenennen (siehe dazu *http://msdn.microsoft.com/en-us/library/ms345378.aspx*).
- Der SQL VSS Writer hat nicht genug Berechtigungen – das kann im SQL Management Studio geändert werden.
- Bei einem Small Business Server, der ebenfalls DC ist, soll der Writer nicht mit lokalen Systemrechten, sondern mit Domain Administrator laufen.
- Der Writer-Dienst hat keine Berechtigung für VSS – schauen Sie in der Registry nach dem Wert unter HKEY_LOCAL_MACHINE\SYSTEM\Current-ControlSet\Services\VSS\VssAccessControl. Dort sollte ein DWORD-Eintrag »NT SERVICE\SQLWriter« mit dem Wert »1« stehen. Sollte der VSS-Dienst laufen, so machen Sie einen Neustart. Der Dienst selber darf nicht auf »Disable« stehen.

SharePoint

Sie können den Veeam Explorer für SharePoint benutzen, um jegliche Objekte aus einer erfolgreichen Sicherung oder Replizierung zurückzubekommen. Dazu zählen die Webseiten, Dokumente, Bibliotheken und Listen. Voraussetzung ist jedoch, dass der dazugehörige Sicherungsjob mit dem Häkchen bei »application-aware image processing« versehen war und die dazugehörenden Optionen richtig konfiguriert waren, also z.B. der Anmeldename und das Passwort.

Um Objekte aus SharePoint wiederherzustellen, gehen Sie vor, wie bereits oben mehrfach besprochen.

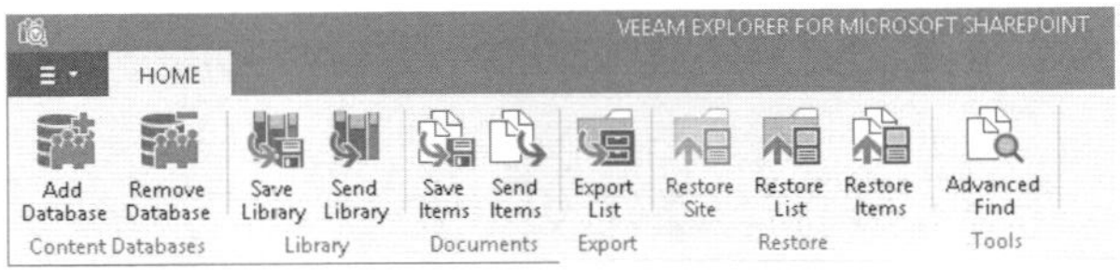

Abbildung 7-9: Veeam Explorer für SharePoint – Ribbon

In diesem Explorer-Fenster können Sie ebenfalls eine Volltextsuche nutzen, Elemente per Mail-Anhang versenden und sogar Berechtigungen wiederherstellen. Der Remote BLOB Storage (RBS) wird ebenfalls unterstützt.

MySQL und MariaDB

Um ein konsistentes Backup von MySQL- und MariaDB-Maschinen zu bekommen, sollte man Shell-Skripte vor (Pre-freeze) und nach (Post-thaw) dem Backup einsetzen, da diese Datenbanken üblicherweise auf Linux VMs zum Einsatz kommen und hier also kein Microsoft VSS genutzt wird. Da Windows das Zeilenende anders darstellt als Linux, muss hier ein Editor eingesetzt werden, der das berücksichtigt: Atom, Sublime Text, Notepad++ oder andere.

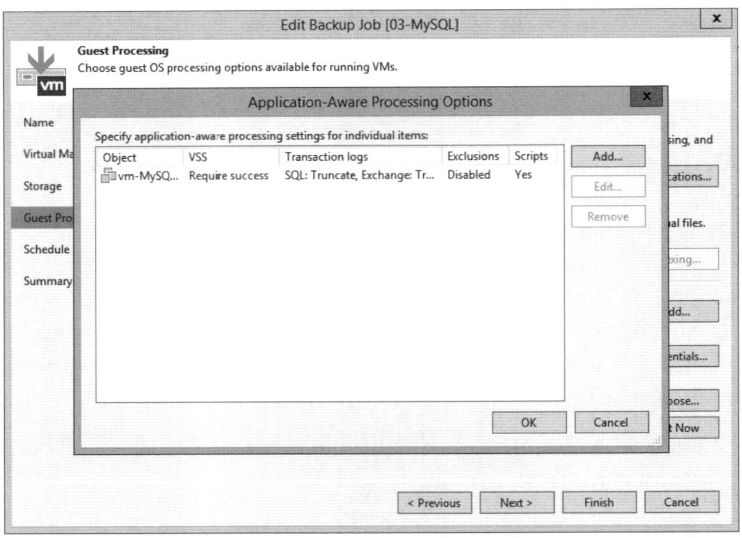

Abbildung 7-10: Zusätzliche Einstellungen zu Datenbanken

Diese Skripte müssen auf dem Backup-Server mit der Endung *.sh liegen, da sie zur Laufzeit auf die Linux VM über den SSH-Port 22 kopiert werden – dieser muss also auch eingerichtet und offen sein. Alternativ kann dies über die installierten VMware Tools mittels VMware-VIX-Kommunikation passieren.

Natürlich müssen die Anmeldedaten bei dem Job (Credentials) für diese VMs hinterlegt werden, also wird bei diesem Job auch das Häkchen bei »Enable application-aware processing« gesetzt. Anschließend kann man für jede einzelne Maschine über die Schaltfläche »Edit« die Skripte angeben (siehe Abbildung 7-11).

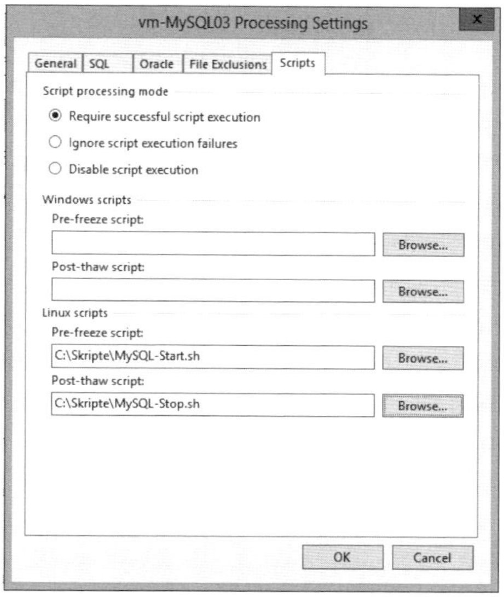

Abbildung 7-11: Angeben der erforderlichen Skripte

In den Skripten müssen die jeweiligen Befehle für die Anwendung stehen; diese müssen mit der Berechtigung für die Datenbank ausgeführt werden, oder man braucht Berechtigungen für Befehle bezüglich init.d oder systemctl. Eine weitere Möglichkeit ist, die Datenbank geregelt vor dem Backup herunterzufahren. Im Skript selber muss man die berechtigten Benutzer mit –u *User* –p *Passwort* korrekt eintragen oder dem zugreifenden Benutzer über die MySQL-Konfigurationsdatei (üblicherweise /etc/my.cnf oder /etc/mysql/debian.cnf) Berechtigungen zu den MySQL-Befehlen zuweisen. Sollten die beiden oben genannten Dateien nicht existieren, so kann man einfach eine Vorlage unter /usr/share/mysql/my-*.cnf dafür nutzen und die notwendigen User dort eintragen:

```
vi /etc/my.cnf
[client]
user = User
password= Passwort
port = 3306
socket= /var/lib/mysql/mysql.sock
```

Zu der weiteren Vorgehensweise gibt es ein Whitepaper von Pascal Di Marco, welches man sich von der Veeam-Webseite herunterladen kann. Dort gibt es auch Beispielskripte für Pre-freeze und Post-thaw.

Dateinamen und -endungen

Auf dem Datensicherungsspeicher (Repository) können sich mehrere unterschiedliche Dateien mit unterschiedlichen Endungen befinden. In der unten stehenden Tabelle 7-1 sehen Sie die jeweilige Zuordnung:

Tabelle 7-1: Dateinamen und -endungen

Dateiendung	Funktion / Aufgabe
*.vbm	Backup Chain Metadata File
*.vbk	Full Backup File
*.vrb	Reversed Incremental Backup File
*.vib	Incremental Backup File
*.ifd	Index File
*.vlb	Backup Log-File
*.adb	Exchange Explorer Database
*.bco	Backup Configuration
*.dit	Active Directory Explorer Database
*.vdf	Backup Definition File
*.lic	License File

Der Dateiname eines Backup Files fängt üblicherweise mit dem Namen des Backup Jobs an, es folgen das Datum(D) und die Uhrzeit (T) der Sicherung, also z.B. »15-MedizintechnikD2017-07-31T234551.vrb«. Indexdateien liegen in einem speziellen Ordner unter VBRCatalog\Index\BackupServers\ und heißen beispielsweise volume.K_.ifd.

Wenn der Ordnername und/oder die Dateinamen nicht mit dem Job-Namen übereinstimmen, wurden wohl Daten importiert oder der Name des Jobs wurde geändert. Es ist nicht notwendig, dies zu ändern – aber möglich:

1. Navigieren Sie zu Backups – Disk und klicken Sie mit der rechten Maustaste auf den Job-Namen.
2. Wählen Sie aus dem Kontextmenü entweder den Eintrag »Remove from Backups« (Version 8) oder »Remove from Configuration« (Version 9).
3. Benennen Sie den Ordner (nicht die darin enthaltenen Dateien) auf dem Repository nach Ihren Wünschen um.
4. Gehen Sie in der Veeam Console zu dem Repository und führen Sie einen Rescan aus.

5. Bearbeiten Sie den Backup Job oder Copy Job, indem Sie unter dem Punkt »Storage« auf den Link »Map backup« klicken.
6. Nach dem Klicken auf »Finish« wird unter Backups – Disk der neue Name eingetragen.

Leerzeichen und einige andere Sonderzeichen im Namen des Backup Jobs werden gegen Unterstriche bei Ordner- und Dateinamen ausgetauscht.

KAPITEL 8
Mit Replikaten arbeiten

Wenn Sie unter Home – Replicas – Ready im rechten Fenster auf den Namen einer replizierten VM klicken, bekommen Sie das in der Abbildung 8-1 dargestellte Ribbon.

Über den Punkt »Restore from replica« können fünf verschiedene Aufgaben ausgewählt werden, um Daten zurück oder VMs wieder lauffähig zu bekommen.

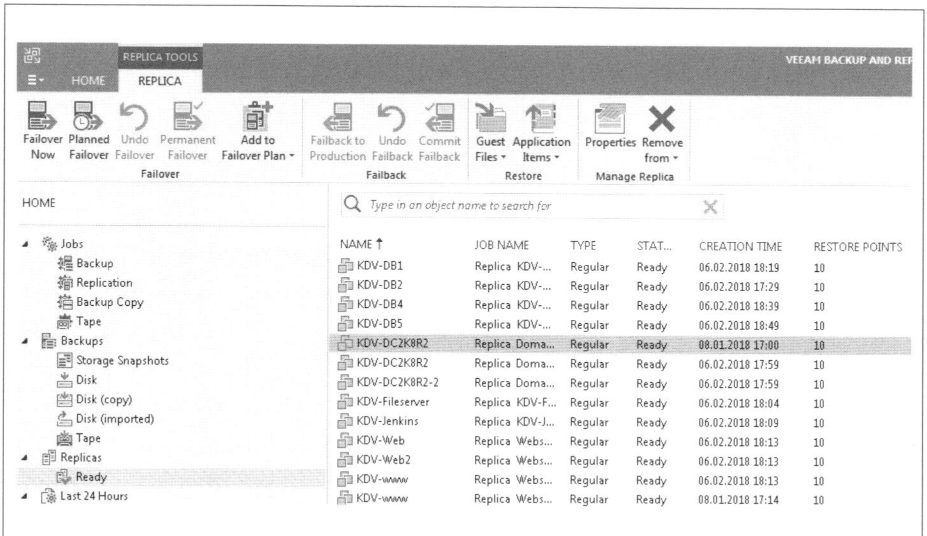

Abbildung 8-1: Auswahl bei der Wiederherstellung von Replikaten

Die ersten Punkte werden im Folgenden beschrieben, die letzten vier gleichen den bereits oben beim Wiederherstellen aus dem Backup beschriebenen, sodass sie hier nicht wiederholt werden.

Failover Now

Wenn eine virtuelle Maschine nicht mehr erreichbar oder fehlerhaft ist, kann ein vorher erzeugtes Replikat stattdessen in den produktiven Betrieb gehen. Das Resultat ist eine fast sofort verfügbare laufende Maschine, die die notwendigen Dienste und Aufgaben statt der fehlerhaften dann zur Verfügung stellt.

> Ein Failover ist ein Prozess, indem die produktive VM auf dem Quell-Host gegen eine voll funktionstüchtige VM auf dem Ziel-Host getauscht wird. Dabei wird Veeam die Quell-VM nicht entfernen oder ausschalten!

Die notwendigen zwei Schritte, um das Replikat gegen die Originalmaschine zu tauschen, werden über den »VMware Failover Wizard« erledigt. Klicken Sie dazu unter »Home – Replicas – Ready« im rechten Fenster auf den Namen einer replizierten VM und anschließend über das Kontextmenü oder das Ribbon auf den Punkt »Failover Now ...«. In dem folgenden Fenster »Virtual Machines« wählen sie die gewünschte VM aus.

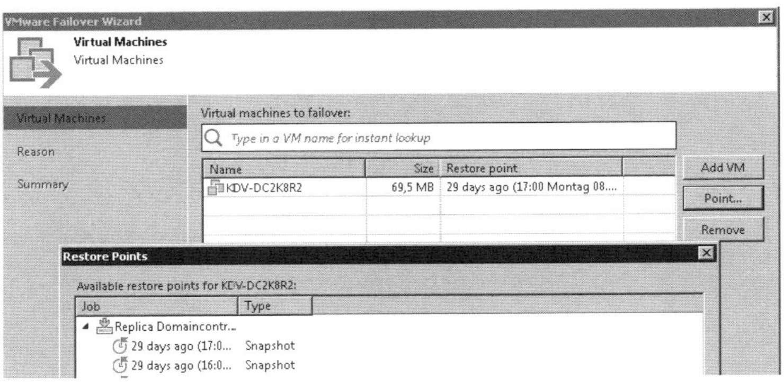

Abbildung 8-2: Der Assistent für das Failover

Anschließend können Sie über die Schaltfläche »Point« den Wiederherstellungszeitpunkt auswählen. Standardmäßig wird der letzte erfolgreiche Vorgang automatisch voreingestellt. Geben Sie bei Bedarf eine Begründung für das Failover-Szenario an und klicken Sie auf »Next«.

Auf der Seite »Summary« sehen Sie die Zusammenfassung, und wenn Sie auf die Schaltfläche »Finish« klicken, werden der Job und damit anschließend die Replikats-VM gestartet.

Das Replikat sollte nicht manuell gestartet werden, weil sonst der eingerichtete Job hinterher nicht mehr funktioniert.

Der BS sucht anschließend den gewünschten Restore Point raus, also den dazugehörigen Snapshot, und schaltet das Replikat ein. Der Status des Replikats ändert sich von Normal zu Failover, und der Replikationsjob wird solange ausgesetzt. Alle anfallenden Daten des Replikats laufen in einen Snapshot, der Zustand sollte also nicht für längere Zeit laufen, sondern in einen permanenten Failover (dabei wird das Replikat zur produktiven VM und die vorherige produktive VM zum Replikat) übergehen oder rückgängig gemacht werden über »Fallback to production« bzw. »Undo Failover«.

Planned Failover

Für ein »Planned Failover« gibt es mehrere Gründe:

- Sie wissen, dass Ihre produktiven Maschinen ausfallen werden.
- Sie wollen eine Datacenter Migration durchführen.
- Es ist ein Software-Upgrade oder eine Wartung der produktiven Maschinen notwendig.

Um ein geplantes Failover auszulösen, können Sie unter »Home – Replicas – Ready« im rechten Fenster auf den Namen einer replizierten VM und anschließend über das Kontextmenü oder das Ribbon auf den Punkt »Planned Failover« klicken. Hier können weitere Maschinen hinzugefügt werden, aber es lässt sich kein Restore Point auswählen, es wird jeweils das aktuelle Replikat genommen. Geben Sie bei Bedarf eine Begründung für das Failover-Szenario an und klicken Sie auf »Next«.

Auf der Seite »Summary« sehen Sie die Zusammenfassung, und wenn Sie auf die Schaltfläche »Finish« klicken, werden der Job und anschließend die Replikats-VM gestartet.

Anschließend wird Veeam eine neue Replikation initiieren, um den aktuellen Zustand zu bekommen (deshalb wird vorher nicht nach dem Restore Point gefragt). Die produktive VM wird ausgeschaltet, es wird eine weitere inkrementelle Replikation durchgeführt, um einen 1:1-Status zu bekommen. Dann wird die VM zum Replikat, und die replizierte VM wird eingeschaltet. Auch dieser Zustand sollte nur für eine kurze Zeit existieren, dann sollte ein »Undoing Failover«, ein »Permanent Failover« oder ein »Failback« durchgeführt werden.

Wenn mehrere VMs von diesem geplanten Failover betroffen sind, sollten Sie ggf. Proxies einsetzen, um den Vorgang zu beschleunigen, denn jede VM wird als separater Task ausgeführt.

Replica Failback

Wenn Sie mit Ihrer Produktions-VM weiterarbeiten wollen, können Sie ein Failback vom Replikat zu ihr durchführen, also zurückschalten. Veeam wird die Original-VM ausschalten, von ihr einen Snapshot machen, alle Unterschiede synchronisieren, das Replikat ausschalten, den Snapshot konsolidieren, und Sie fahren mit der Original-VM weiter.

Sollte die Originalmaschine nicht mehr zum Einsatz kommen können, so können Sie ein permanentes Failover einrichten, damit das Replikat zur produktiven VM wird. Klicken Sie dazu auf den Ordner »Replicas« und wählen Sie aus dem Kontextmenü oder dem Ribbon die Schaltfläche »Permanent Failover«.

Wenn der Vorgang abgeschlossen ist, wird die replizierte VM aus der Liste der Replikate gelöscht, damit keine Fehler damit passieren. Anschließend wird automatisch der Replikationsjob neu konfiguriert und die bisherige VM nicht mehr für eine neue Replikation genommen.

Denken Sie daran, ggf. einen neuen Job für die Sicherung oder Replikation der jetzt laufenden VM zu erstellen.

Replica-Metadaten verschieben

Wenn Sie für Ihre Metadaten ein neues Repository einrichten, können Sie alle auf dem vorherigen Storage befindlichen Ordner auf das neue kopieren. Danach müssen Sie den dazugehörigen Job bearbeiten und diesen auf das neue Laufwerk zeigen lassen. Nach einem erfolgreichen Test können Sie die alte Metadaten-Quelle löschen.

Die Ordner für diese Daten sind nach der MOREF ID der VM benannt, die mit einem Befehl unter der PowerShell-Erweiterung von Veeam aufgelistet werden können:

```
Get-VBRReplica | ForEach{$_.GetBackupReplicas() | select TargetVmName,TargetVmRef}
```

Beachten Sie hierbei, dass die Original-VM eine andere ID hat als das Replikat.

KAPITEL 9

SureBackup

Um einzelne oder eine Gruppe (bei Abhängigkeiten) von VMs aus dem Backup zu überprüfen, kann die Technologie SureBackup mit der Enterprise- und Enterprise-Plus-Edition verwendet werden. Haben Sie nur die Standardlizenz, so nehmen Sie stattdessen die oben erwähnte Instant-VM-Recovery-Variante. Dabei spielt es keine Rolle, ob man dies aus einer Datensicherung oder einer Replikation heraus startet.

Beim SureBackup wird bzw. werden ähnlich wie beim Instant VM Recovery eine oder mehrere VMs aus dem Backup über NFS (nur bei VMware) oder als Datastore (nur bei Hyper-V) auf einem Host in einer isolierten Umgebung (bzw. Virtual Lab) gestartet und einige automatische Test ausgeführt. Es müssen also keine VMs komplett zurückgespielt werden, und Sie müssen sich nicht selber um eine Trennung des Netzwerkes kümmern. Beachten Sie dabei, dass wenn die VMs über vPower auf einem Host gestartet werden, alle Einstellungen (auch die ID und die IP) identisch mit einer noch laufenden VM sind.

Zu diesen Tests zählen zunächst der Heartbeat der VMware Tools bzw. Hyper-V Integration Components, ein Ping-Test auf die IP-Adresse der VM(s) und bei speziellen Anwendungen, ob die Ports korrekt geöffnet wurden. Also bei Active Directory zum Beispiel, ob der Port 389 offen ist und auf Anfragen reagiert. Man kann ebenfalls eigene Skripte hinterlegen, um weitere Tests durchzuführen.

Weiterhin werden bei dem Vorgang die Check-Summen der gesicherten Blöcke verifiziert, um die Korrektheit der Datensicherung festzustellen.

Verifizieren einer VM-Gruppe

Um ein SureBackup auszulösen, gibt es mehrere Möglichkeiten: Klicken Sie im linken unteren Teil des Fensters auf Backup Infrastructure und dann im linken oberen Teil auf SureBackup. In der rechten Hälfte des Fensters sehen Sie vier Einträge mit den zugehörigen Beschreibungen dabei, über die Sie auch den jeweiligen Assistenten starten können.

In dieser Schritt-für-Schritt-Anleitung erstellen wir zunächst eine Anwendungsgruppe (Application Group) und stellen diese anschließend in einem virtuellen Labor zur Verfügung:

A. Anwendungsgruppe

1. Klicken Sie unter SureBackup auf den Eintrag Application Group und dann in der Icon-Leiste auf »Add App Group«.
2. Vergeben Sie einen Namen und optional eine Beschreibung. Klicken Sie anschließend auf Next.
3. Im nächsten Fenster fügen Sie aus dem Backup, einer Replikation oder aus Storage Snapshots VMs hinzu. Achten Sie dabei auf die gewünschte Reihenfolge, da die aufgelisteten VMs von oben nach unten gestartet werden (ein DC sollte meistens als Erstes in die Liste aufgenommen werden). Kann eine VM aus der Liste nicht gestartet werden, wird der gesamte Job abgebrochen. Wir wählen hier »Add VM« und dann »From backups«, suchen uns einen Backup Job und einen Restore Point aus. Es können auch von unterschiedlichen Jobs VMs dazu genommen werden. Hat eine VM eine spezielle Aufgabe, so wie z.B. ein Domaincontroller, kann der Eintrag der VM ausgewählt und über die Schaltfläche Edit noch Rollen (hier DNS-Server, Domaincontroller und ggf. Global Catalog) in dem Fenster »Verification Options« angeklickt werden. Auf den weiteren Kartenreitern sind noch Einzelheiten zum Arbeitsspeicher, der Startzeit, dem Boot-Verhalten, Test-Skripte und Anmeldedaten einstellbar. Beachten Sie hierbei, dass die Tests jeweils vom BS und nicht von einem Proxy gemacht werden – es muss also eine Verbindung vom BS zu der VM gemacht werden können.

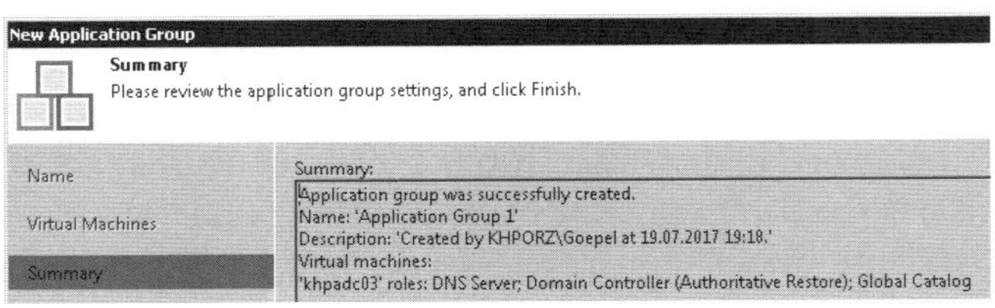

Abbildung 9-1: Zusammenfassung der Anwendungsgruppe

4. Im letzten Fenster sehen Sie eine Zusammenfassung, und wenn Sie auf »Finish« klicken, sehen Sie den Eintrag in der rechten Fensterhälfte.

B. Virtuelles Labor

Als Nächstes brauchen wir ein »Virtual Lab«, das uns die abgeschottete Umgebung mit einem zusätzlichen vSwitch und einer NAT-Appliance zur Verfügung stellt.

1. Um ein neues Lab zu erstellen, klicken Sie in der Icon-Leiste auf »Add Virtual Lab«.
2. Vergeben Sie einen Namen und optional eine Beschreibung. Klicken Sie anschließend auf »Next«.
3. Suchen Sie sich über die Schaltfläche »Choose…« einen Host aus (mehrere Hosts werden zwar unterstützt, es macht aber meist keinen Sinn). Ist die Validierung abgeschlossen, werden die Anzahl der gesamten und eingeschalteten VMs sowie ein Ordner und ein Ressourcenpool angezeigt, die man aber auch noch über die Schaltfläche »Configure« ändern kann.
4. Im nächsten Fenster müssen Sie einen passenden Festplattenplatz auswählen, wobei es auch ein lokaler des Hosts sein darf.
5. Nachdem Sie auf »Next« geklickt haben, wird ein Proxy angeboten. Dieser ist eine Appliance, die zusätzlich zwischen dem echten und dem Labornetz gesetzt wird, um Zugriff auch z. B. zum Internet zu gewähren (Häkchen dann nicht vergessen). Dieser Proxy hat zwei Netzwerkkarten, eine im Labornetz, die andere im Produktions-LAN, sodass der Backup-Server die VM übers Netzwerk erreichen und die ausgewählten Tests durchführen kann.

   Achten Sie bei der Appliance darauf, dass diese im Labornetz die IP des Standardgateways des produktiven Netzes benötigt, da sonst der BS keinen Zugriff auf die im Lab gestarteten VMs bekommt. Das NAT- oder Masquerading-Subnetz kann beliebig gewählt werden, der BS ergänzt damit automatisch seine Routing-Tabelle.

   Beispielhaft ist dies in der Abbildung 9-2 gezeigt. Hier hat der Domaincontroller die IP 172.16.20.10, der Exchange Server die 15 und das Standardgateway die IP 172.16.20.254. Werden diese VMs aus dem Backup gestartet, haben sie dieselben IP-Einstellungen, erwarten also das GW in dem Labornetz ebenfalls unter der IP 172.16.20.254. Damit der Backup-Server (BS) in das Labornetz kommt und die eingestellten Tests (Skripte) durchführen kann, trägt er sich die andere Schnittstelle der Proxy-Appliance (hier die 10.1.1.1) als zusätzliches Gateway ein.

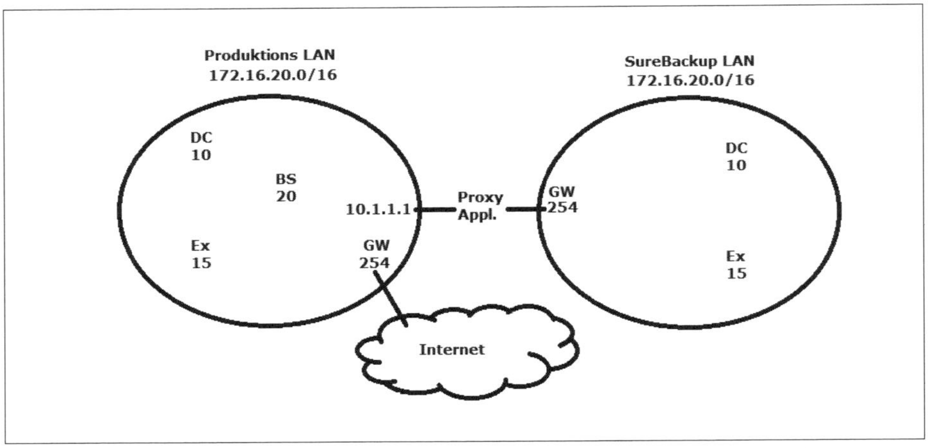

Abbildung 9-2: Netzwerkstruktur beim SureBackup

6. Weitere Netzwerkeinstellungen bekommt man auf der nächsten Seite. Wählen Sie eine der drei Möglichkeiten aus. Haben Sie sich für einen der beiden Advanced-Kreise entschieden, können zusätzliche Netzwerkeinstellungen manuell vorgenommen werden. Klicken Sie auf »Next«.
7. Auf der vorletzten Seite bekommen Sie das gewählte Netzwerk angezeigt und im letzten Fenster wird der Job zum Erstellen des Virtual Labs direkt gestartet. Ist alles fertig, wird auf dem ausgewählten Host ein neuer Netzwerk-Switch erstellt und die virtuelle Appliance registriert.

C. Kommen wir zum dritten Schritt: den SureBackup Job erstellen

1. Klicken Sie im linken oberen Teil wieder auf »SureBackup« und dann im rechten Teils des Fensters auf »Add SureBackup Job«. Vergeben Sie einen Namen und ggf. eine Beschreibung. Klicken Sie auf »Next«.
2. Wählen Sie im nächsten Fenster das erstellte Virtual Lab und im übernächsten Fenster die Application Group aus.
3. Im nächsten Fenster könnte noch ein weiterer Backup Job zum Testen hinzugefügt werden – darauf verzichten wir bei diesem Beispiel aber.
4. Im fünften Fenster hat man die Möglichkeit, sich eine E-Mail oder/und einen SNMP-Trap schicken zu lassen – sinnvoll, wenn man die Zeit für das SureBackup nachts plant. Weiterhin kann man hier das Häkchen für Check-Summen der gesicherten Blöcke setzen.
5. Im vorletzten Fenster kann man – ähnlich wie beim Backup Job – Zeiten und Wiederholungen planen. Und im letzten Fenster setzen wir das Häkchen bei »Run the job when I click Finish«.

Unter dem Menüeintrag »Backup & Replication« sehen wir im Bereich »Running« den SureBackup Job als »laufend« mit dem prozentualem Status. Im Cluster wurde ein zusätzlicher Ressourcenpool für das Lab erstellt. Auf dem ausgewählten

Host wurde ein neuer vSwitch erstellt, der NFS Datastore mit der ausgewählten VM gemountet und anschließend wurden die ausgewählten VMs inklusive der Appliance dort gestartet.

Sollte bei einer Maschine ein Fehler auftauchen, so wird der Job beendet. Andernfalls kann man sich den Vorgang und das Ergebnis über einen Klick auf »Statistics« oder auf »Report« im Browser anzeigen lassen. Dabei werden als Tabelle für jede VM die Start- und Endzeit sowie die durchgeführten Tests mit Ergebnis aufgelistet.

Ist der Test zur Zufriedenheit abgeschlossen, so reicht es, wenn Sie das Fenster über Close schließen und im Ribbon auf »Stop« klicken, dann räumt Veeam (fast) alles wieder weg. Den Abschluss des Vorgangs können Sie wieder unter »Statistics« einsehen.

War es nicht erfolgreich, so können Sie jederzeit die gemachten Eingaben unter »Backup Infrastructure – SureBackup« ändern und nochmals den Job starten.

Natürlich kann ein SureBackup Job auch mit Replikaten ausgeführt werden. Wählen Sie dazu im Fenster der Application Group bei den »Linked Jobs« einfach den Replica Job aus.

Denken Sie daran,

- dass ein Windows-Rechner ggf. eine neue Netzwerkumgebung erkennt und die Firewall einschaltet oder das Netzwerk von Domäne bzw. Arbeitsplatz auf öffentlich umstellt.
- dass in dem virtuellen Lab kein DHCP-Server existiert, es sein denn, der mitgestartete DC macht dies.
- bei älteren vSphere-Versionen wird ggf. die MAC-Adresse der VMs im Lab geändert, was sowohl für Linux als auch für Windows Netzwerkprobleme mit sich bringt.
- die Proxy Appliance möglichst im selben Subnetz wie den BS zu halten. Ansonsten müssten ggf. zusätzliche Routing-Einträge gemacht werden.
- dass das virtuelle Lab nach Beendigung in der Umgebung erhalten bleibt. Beim manuellen Löschen kann man das Häkchen im Konsolenfenster setzen, damit auch die Appliance und der vSwitch gelöscht werden.

Die vordefinierten Regeln liegen als XML-Dateien auf dem BS unter »\Program Files\Veeam\Backup and Replication\Backup\SbRoles«. Diese können verwendet werden, um eigene Regeln zu erstellen. Siehe dazu auch *https://helpcenter.veeam.com/docs/backup/vsphere/creating_xml_file.html?ver=95*.

SureReplica

Mit SureReplica (zurzeit nur unter VMware) können Sie – wie oben bei Sure-Backup erklärt – jeden Wiederherstellungspunkt in jedem Replikat automatisch überprüfen lassen. Dabei startet SureReplica eine oder mehrere VMs in einem isolierten Virtual Lab und führt für jede Anwendung definierte Skripte aus.

KAPITEL 10

Enterprise Manager

Der Veeam Backup & Replication Enterprise Manager (EM) ist eine optionale Komponente, die man auf einem physischen oder virtuellen Windows-Rechner installieren kann. Das Tool, welches man über einen Browser ansteuert, lässt sich auch auf einen Backup-Server oder Proxy installieren. Meistens wird das Programm eingesetzt, wenn man mehrere Backup & Replication Server hat, da man hierüber alle Jobs sehen, konfigurieren, den Status einsehen und einen Report über alle B&R-Server bekommt. Mit dem EM kann man auch Dateien von einem Gastbetriebssystem in allen aktuellen und archivierten Backups suchen – über die gesamte Backup Infrastruktur – und diese mit einem Klick wiederherstellen. Diese Komponente hat unter anderem einen Dienst, der den Index von VM-OS-Dateien von allen B&R-Servern holt, diese konsolidiert und in einen eigenen Katalog speichert. Aus diesem Katalog kann er sehr schnell die gewünschte Datei finden.

Installation

Die Komponenten für die Installation des EM befinden sich auf dem ISO, welches auch für die Installation des B&R-Servers genutzt wurde. Ab Windows 2012 kann man mit der rechten Maustaste darauf klicken und »bereitstellen« wählen. Anschließend kann über die Datei setup.exe die Installation gestartet werden.

Wählt man einen bereits bestehenden Backup-Server, so wird die vorhandene Lizenz erkannt und muss nicht nochmals angegeben werden. Die Features, die man zur Auswahl hat, sind natürlich zum einen der EM (aktiv) und zum anderen ein »Cloud Connect Portal for Service Provider« (standardmäßig nicht aktiv), welches Nutzern einer weiteren Site die Möglichkeit gibt, ein vollständiges Failover zu initiieren.

Im nächsten Schritt werden die notwendigen Voraussetzungen überprüft und das Ergebnis wird im Fenster angezeigt (siehe Abbildung 10-1).

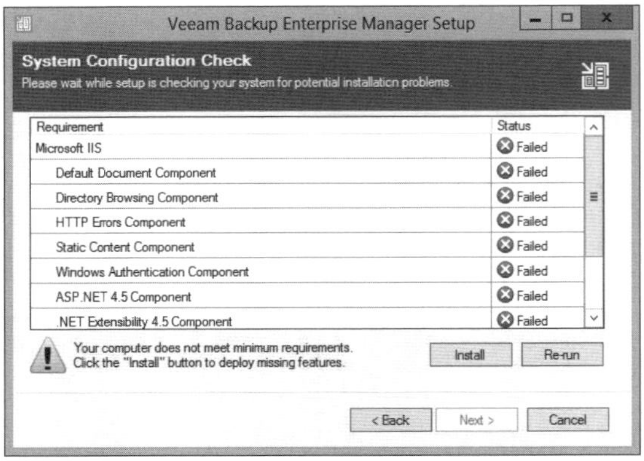

Abbildung 10-1: Fehlende Anwendungskomponenten

Da in dem Installationspaket die notwendigen Komponenten vorhanden sind, kann man über die Schaltfläche »Install« alles Notwendige nachinstallieren.

Ist die Installation erfolgreich durchgelaufen, so hat man auf dem Desktop ein zusätzliches Symbol für den Enterprise Manager, über das man die Webseite für diesen auf dem Port 9443 (https://Servername:9443/) aufrufen kann. Leider sind die lokalen Anmeldedaten hier meist nicht nutzbar, sodass man sich erneut authentifizieren muss.

Eine Installation auf dem vCenter Server ist nicht möglich, da dieser den Port 9443 bereits für den Web Client verwendet.

Konfiguration des Enterprise Managers

Auf der durch den Browser geöffneten Oberfläche muss man zunächst den oder die Backup-Server über die Schaltfläche »Add« hinzufügen, auch wenn die Installation auf so einem Server stattgefunden hat. Möchte man mehrere Backup-Server hinzufügen, muss man den Vorgang jeweils wiederholen und immer die Anmeldedaten des Backup-Servers angeben, da diese nicht als Auswahl zur Verfügung stehen – im Gegensatz zum Backup-Server, bei dem man diese aus einer Drop-Box auswählen kann. Backup Proxies, Repositories und Ähnliches werden hier nicht angegeben.

Hat man den oder die Backup-Server hinzugefügt, sammelt der EM zunächst Informationen über die Backup und Replication Jobs, die man sich später unter »Home« für die letzten 24 Stunden oder auch 7 Tage ansehen kann.

Der vCenter Server wird meist automatisch erkannt, wenn man den oder die Backup-Server hinzugefügt hat. Hier gibt es die Möglichkeit, für den Web Client ein Plug-in zu installieren. Klicken Sie dafür zunächst auf die Schaltfläche »Check version ...«, geben Sie die Anmeldeinformationen an und warten Sie, bis der »Plug-in Status« von »Pending...« auf »Not installed« wechselt (Abbildung 10-2).

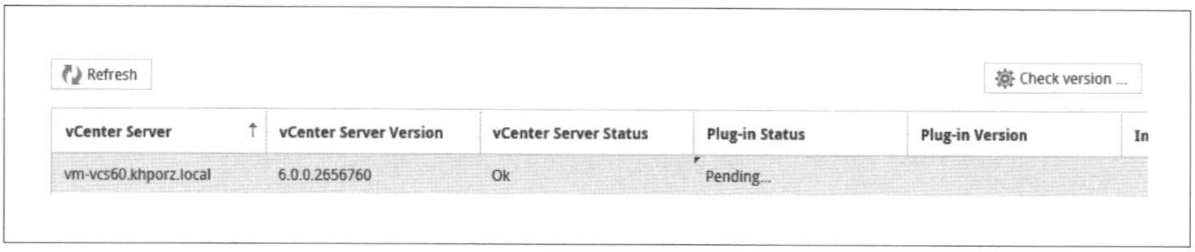

Abbildung 10-2: Plug-in-Status des vCenter Servers

Sollten Sie sich nicht anmelden können, überprüfen Sie, ob die letzten Updates installiert wurden. Anschließend können Sie auf den Button »Install« klicken, damit auf dem vCenter Server die Informationen zu Veeam B&R sichtbar werden. Nach einer kurzen Zeit sollte der Status des Plug-ins auf »Installed« wechseln und in der nächsten Spalte die Versionsnummer anzeigen.

Haben Sie sich direkt an dem vCenter Server mit genügend Berechtigungen angemeldet, so finden Sie unter »Home« das Icon für Veeam Backup & Replication. Hierüber erhalten Sie eine Übersicht über den Status der Backups und Replikationen und können auch über einen neuen Eintrag im Kontextmenü eine VM über Veeam Zip sichern.

Unter »Notifications« auf der grünen linken Seite unten kann man einen Mail-Server angeben, damit der EM Benachrichtigungen als Zusammenfassung versenden kann.

Gastdateien suchen und wiederherstellen

Der Veeam Backup Enterprise Manager erlaubt das Suchen von Dateien von Linux- und Windows-Betriebssystemen aus den katalogisierten Backups. Bei dem Backup Job muss dafür das Indexieren (Guest file system indexing) aktiviert worden sein.

Vorgehensweise:

1. Klicken Sie im EM auf der Hauptseite auf die Registerkarte »Files«.
2. Geben Sie im Feld »Type in VM name:« den Namen der gesicherten VM ein, bei der das Indizieren aktiv war/ist, oder klicken Sie auf den blauen Link »or pick VM from list ...«, um eine Liste aller gesicherten VMs zu bekommen und dort eine auszuwählen (siehe Abbildung 10-3).

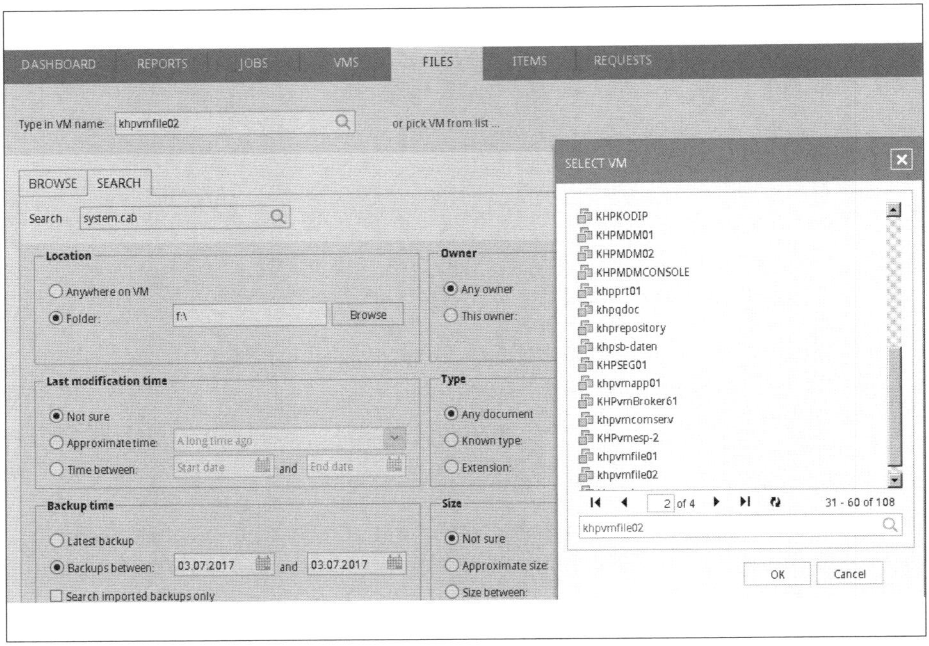

Abbildung 10-3: Auswahl einer VM

3. Wählen Sie eine Datensicherung (Restore Point) für das gewünschte Datum unter »Backup Time« aus. In dem Feld »Last modification time« kann alternativ eine Zeitspanne eingegeben und bei mehreren Festplatten auch »Anywhere on VM« gewählt werden.
4. Klicken Sie auf die Schaltfläche »Mount Backup« und warten Sie, bis die Blöcke für den Restore Point geladen wurden.
5. Geben Sie rechts oben in das Feld »Search« den gewünschten Dateinamen ein und klicken Sie auf das Lupen-Symbol.
6. Klicken Sie mit der rechten Maustaste auf die Datei und wählen Sie über das Kontextmenü z.B. »Restore – Overwrite« aus, um die Datei am Originalort zu überschreiben bzw. wiederherzustellen.

Eine Wiederherstellung von SQL- und Oracle-Datenbanken sowie Objekte aus Exchange-Sicherungen sind ebenfalls mit dem EM möglich.

Auf der Registerkarte »Jobs« können Sie vorhandene Jobs bearbeiten (Edit ...), ein Full Backup starten (Active Full), einen Job aktivieren oder deaktivieren (Disable), einen Job mit allen Einstellungen klonen (Clone) und einen Job löschen (Delete), wie in Abbildung 10-4 gezeigt.

Abbildung 10-4: Auswahl für Jobs

Veeam Self-Service FileRestore

Hat man den EM installiert und die Enterprise-Lizenz oder höher eingetragen, so kann man die Wiederherstellung von Dateien auch an andere Benutzer delegieren und ihnen den Webzugriff über den Self-Service zur Verfügung stellen. Dafür muss natürlich das Indexing (Enable guest file system indexing) bei der Sicherung der VM eingeschaltet gewesen sein. Von einem entfernten Rechner aus erreichen Sie das Portal über die Adresse *https://>Name oder IP des EM<:9443/selfrestore*, auf dem EM selber unter Programme\Veeam\Veeam Self Service File Restore. Anschließend meldet man sich mit dem Account an, der Berechtigungen zum Wiederherstellen der Dateien hat. Das weitere Vorgehen ist wie oben unter Punkt 10.3 bereits beschrieben und wird hier nicht wiederholt.

Verschlüsseltes Backup ohne Passwort wiederherstellen

Sie können verschlüsselte Backups erstellen, die mit einem Passwort geschützt sind. Wenn Sie Daten aus diesem Backup benötigen, brauchen Sie auf demselben Server kein Passwort anzugeben, da es hier hinterlegt ist. Wenn Sie verschlüsselte Sicherungen von einem anderen Backup-Server importieren, werden Sie für den Zugriff auf die Daten aufgefordert, das gesetzte Passwort anzugeben.

Haben Sie das Passwort nicht, so können Sie mit der Datensicherung üblicherweise nichts anfangen. Veeam Backup & Replication ermöglicht den Zugriff auch dann, wenn Sie das Passwort vergessen haben, der Benutzer, der das Kennwort weiß, das Unternehmen verlassen hat, oder Ähnliches.

Um Daten ohne Passwort zu entschlüsseln, müssen folgende Voraussetzungen erfüllt sein:

- Der Backup-Server, der die verschlüsselten Daten geschrieben hat, und der Server, der sie entschlüsseln soll, müssen am EM angeschlossen sein.
- Der Backup-Server und der EM müssen die Lizenz Enterprise oder Enterprise Plus installiert haben.

Für diesen Fall gibt es ein zusätzliches Master-Passwort (Enterprise Manager Key), welches automatisch bei der Entschlüsselung verwendet wird. Der Enterprise Manager Key besteht aus zwei Komponenten: dem öffentlichen und dem privaten Schlüssel. Mit dem öffentlichen Schlüssel, der auf allen Backup-Servern liegt, werden die Backups verschlüsselt, während der private Schlüssel nur auf dem EM residiert. Der private Schlüssel kann dann für die Entschlüsselung über einen Assistenten genutzt werden, wenn das Passwort selbst nicht verfügbar ist.

Vorgehensweise:

1. Hat man Zugriff auf das verschlüsselte Backup, so kann man es auf einem B&R-Server unter Registerkarte »Home« importieren, anschließend erscheint es unter »Backups > Disk (imported)«.
2. Ist das zu importierende Backup verschlüsselt, so wird dieses in einer Warnmeldung angezeigt und es erscheint anschließend unter »Backups > Disk (encrypted)«.
3. Klicken Sie anschließend mit der rechten Maustaste auf die importierten Daten und wählen Sie aus dem Kontextmenü »Specify password«. In dem folgenden Fenster klicken Sie auf den Link »I have lost the password«, danach wird der Assistent (Encryption Key Restore wizard) zum Entschlüsseln gestartet und zeigt unter »Request Message« den Schlüssel an.
4. Klicken Sie jetzt auf die Schaltfläche »Copy to clipboard«, um den Inhalt in die Zwischenablage zu kopieren.
5. Loggen Sie sich jetzt am Enterprise Manager an und wählen Sie oben rechts den Eintrag »Configuration«.
6. In dem dann folgenden Fenster wählen Sie den Eintrag »KEY MANAGEMENT« und anschließend »Password Recovery ...«.
7. In dem Abschnitt namens »Challenge Request« kopieren Sie den Inhalt aus der Zwischenablage ein (Paste).
8. Folgen Sie dem Assistenten weiter bis zum Ende und kopieren Sie den dann angezeigten Text wieder in die Zwischenablage.
9. Gehen Sie zurück zur Backup Console zum »Encryption Key Restore wizard« und klicken Sie auf »Next«.
10. Folgen Sie dem Assistenten weiter bis zum Ende und kopieren Sie dann aus der Zwischenablage den Text in das Fenster namens »Response«.
11. Klicken Sie auf »Next« und dann auf »Finish«.

Veeam B&R wird die importierten, verschlüsselten Daten jetzt entschlüsseln und anschließend unter »Disk (imported)« auflisten. Jetzt können Sie damit wie bereits oben beschrieben weiter verfahren.

KAPITEL 11

Bandsicherung

Veeam unterstützt in seiner Konsole auch direkte Backups auf Bandlaufwerke. In den meisten Firmen wird diese Form von Datensicherung immer noch praktiziert, wenn es um eine Langzeit-Archivierung und das 3-2-1-Prinzip geht: 3 Kopien, 2 Arten von Medien, 1 nicht lokal gehaltenes Backup.

Auf den Tapes können sowohl Full Backups wie auch inkrementelle gesichert und einige der bereits oben erwähnten Einstellungen vorgenommen werden. Tape-Archive, die außer Haus gelagert werden, benötigen natürlich eine sehr lange Wiederherstellungszeit – das sollte auf jeden Fall nicht außer Acht gelassen werden.

Die direkte Wiederherstellung von auf Band gesicherten VMs in die virtuelle Infrastruktur ist nun möglich (ohne »Staging«, also ohne zuerst auf eine Platte zurückzuspielen), auch das Wiederherstellen mehrerer virtueller Festplatten.

Geräte und Anschlüsse

Zu den unterstützten Geräten gehören alle LTO (Linear Tape-Open) der dritten (LTO3) Generation und alle neueren als einzelnes Laufwerk und auch als Tape-Libraries, dazu auch VTL (Virtual Tape Libraries). Veeam nutzt das Microsoft Tape Format (MTF), welches als Industriestandard gilt; WORM (Write Once Read Multiple) Tapes werden aber nicht unterstützt.

Als Anschluss kann für die Laufwerke Fibre Channel (FC), Serial Attached SCSI (SAS), SCSI und für eine Remote-Verbindung iSCSI genutzt werden. Als Treiber wird der vom Betriebssystem installierte genommen. Achten Sie darauf, dass es sich hierbei um einen OEM-Treiber (Original Equipment Manufacturer) handeln muss. Kann das Betriebssystem ein Wechsellaufwerk nicht erkennen, z.B. weil es keinen Windows-Treiber dafür gibt, wird dieses Laufwerk trotzdem häufig von Veeam über native SCSI-Kommandos unterstützt. Klicken Sie dazu unter »Libraries« auf den Eintrag und anschließend auf »Properties«. In dem folgenden Fenster können Sie das Häkchen setzen.

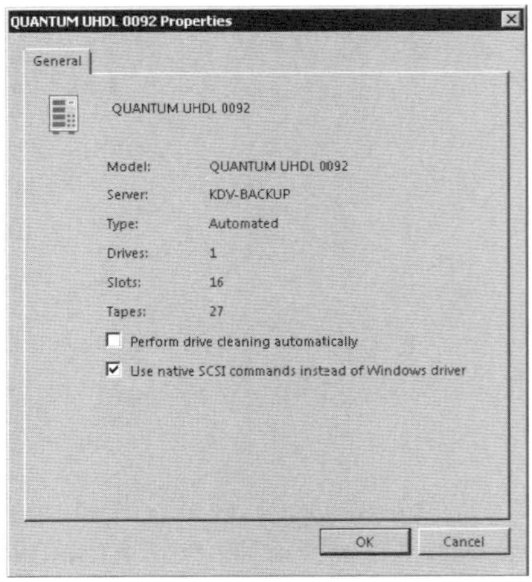

Abbildung 11-1: Eigenschaften eines Tape-Laufwerkes

Nur Wechsellaufwerke können native SCSI-Kommandos nutzen.

Achten Sie bei dem Treiber auf den Hinweis, dass mehrere Zugriffe gleichzeitig gemacht werden können (bei IBM TS3100 oder 3200 Tape Libraries z. B. die Datei »install_nonexclusive.exe«).

VMware unterstützt keine Bandlaufwerke, die direkt an einen ESXi Host angeschlossen sind, deshalb sollte man es auch nicht für Datensicherungen über Veeam nutzen. Ein Laufwerk darf immer nur zu einem BS gehören, kann aber von einem auf einen weiteren übertragen werden. Die Jobs müssen neu angelegt oder ebenfalls kopiert bzw. verschoben werden.

Tape-Umgebung einrichten

Zunächst muss der Tape-Server zur Infrastruktur hinzugefügt werden, um Backups und Wiederherstellungen durchführen zu können. Ist das Laufwerk direkt am Backup-Server angeschlossen, muss dieser natürlich nicht nochmals hinzugefügt werden. Er erkennt die Bandlaufwerke und kann auf diese, die Bänder und ggf. die Slots zugreifen.

Ist das oder sind die Laufwerke an einem anderen Rechner angeschlossen, so muss dieser als Tape-Server in die Bestandsliste aufgenommen werden. Bei diesem Vorgang installiert der Backup-Server automatisch den Data-Mover-Dienst auf dem

Computer und stellt so eine Verbindung von der Datensicherung zum Tape her. Als Tape-Server kann ein physischer oder virtueller Windows-Server herhalten. Beim Hinzufügen können auch »Traffic Rules« für das Verschlüsseln und die Netzwerkbandbreite eingegeben werden. Im letzten Fenster kann das Einlesen aller Medien durch das Setzen eines Häkchens erfolgen.

Klicken Sie im linken unteren Teil des Konsolenfensters auf »Tape Infrastructure«, dann sehen Sie oben Details zu »Media Pools«, »Servers« und »Libraries«, können einen weiteren Bandlaufwerksserver hinzufügen, einen Tape Job anlegen oder auch Dateien vom Tape wiederherstellen. Es ist auch möglich, hier eine komplette VM vom Tape direkt auf den Produktions-Storage zu schieben.

In der Datenbank des Backup-Servers werden anschließend Informationen zu allen archivierten Daten und registrierten Tapes gespeichert. Das heißt, dass die Informationen zu Dateien und Ordnern auch zur Verfügung stehen, wenn das Tape selbst nicht eingelegt ist.

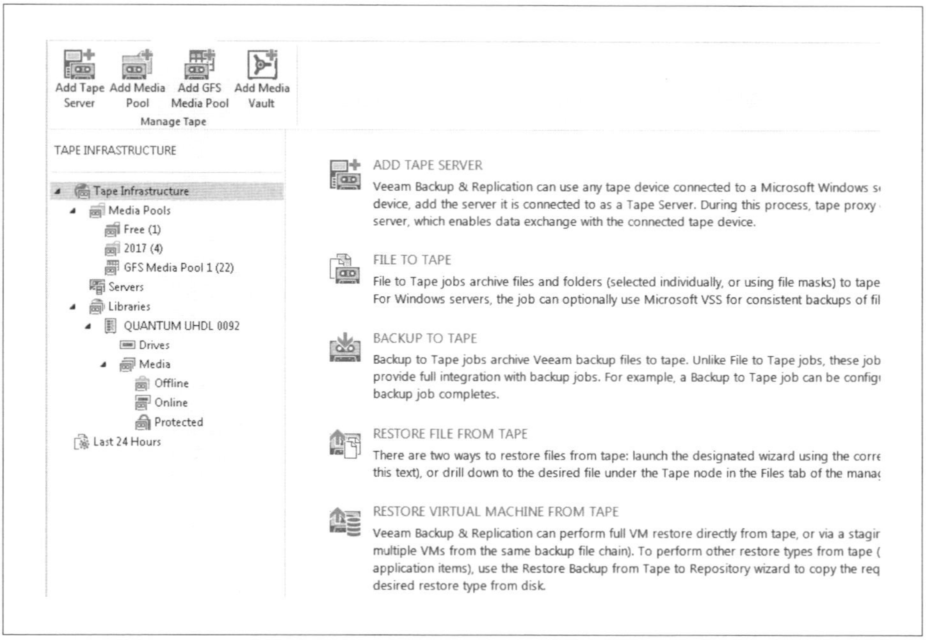

Abbildung 11-2: Infrastruktur der Bandlaufwerke

Wollen Sie Daten von einem Band wiederherstellen, fordert Sie Veeam dazu auf, ein ganz bestimmtes Band einzulegen – falls noch nicht geschehen.

Bei einem alleinstehenden Bandlaufwerk müssen Sie auf die Größe der Blöcke (65536) achten. Über das Kontextmenü auf dem Laufwerk gehen Sie in die Eigenschaften (Properties) und wählen Sie aus dem Pulldown-Menü den Wert 65536 aus. Bei allen anderen Laufwerken nimmt der Server den eingestellten oder höchstmöglichen Wert oder, bei unterschiedlichen Werten in einer Library, einen, der von allen unterstützt wird.

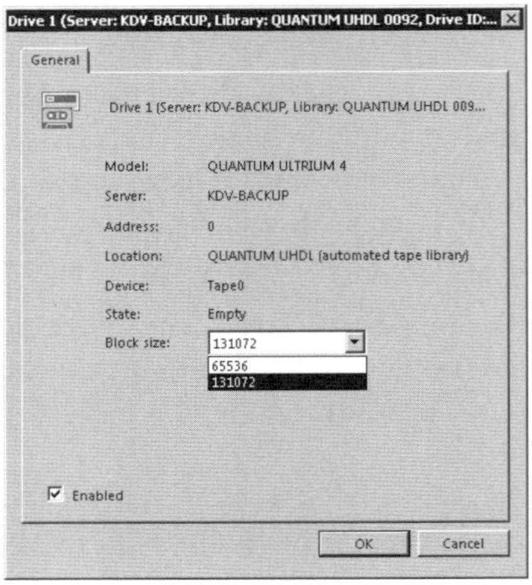

Abbildung 11-3: Auswahl der Blockgröße

Funktionierten die Sicherung und Wiederherstellung auch mit dem höheren Wert (siehe Abbildung 11-3), brauchen Sie nichts zu ändern.

Backup to Tape

Um Daten auf ein Bandlaufwerk zu bringen, muss zunächst ein Job angelegt werden. Anschließend werden die durch einen Backup Job auf einem Repository abgelegten Sicherungen auf ein Band gebracht. Dabei können für den Tape-Job entweder ein Backup Job oder auch ein Repository angegeben werden. Dabei ist es unerheblich, ob die Daten von einem Backup Job, einem Copy Job oder einem Endpoint-Backup (also von physischen Maschinen) kommen.

Auf dem Band landen immer nur die neuesten Daten, die seit dem letzten Tape-Job angefallen sind. Wenn Sie einen der Ausgangs-Jobs ändern, wird der Tape-Job automatisch mitgeändert, sodass hinzugekommene VMs gesichert und entfernte nicht mehr gesichert werden.

Backup to Tape Job anlegen

Genauso wie bereits oben unter Backup ausführlich besprochen, wird auch dieser Job angelegt. Um Wiederholungen zu vermeiden, gehe ich hier nur auf die Unterschiede detailliert ein.

1. Klicken Sie unter »Home« auf »Tape Job« und wählen Sie »Backup« aus.
2. Geben Sie einen Namen und ggf. eine Beschreibung ein.

3. Wählen Sie die zu sichernden Daten: Zu einem Tape-Job können Sie Daten von VMware, Hyper-V und Endpoint zusammenfassen sowie von unterschiedlichen Backup, Copy Jobs und Repositories.
4. Suchen Sie sich einen Media-Pool aus dem Fenster aus oder erstellen Sie hier einen neuen. Über die Schaltfläche »Schedule...« können Sie einen Zeitplan angeben, also monatlich oder wöchentlich. Bei wöchentlich können Sie auch jeden Tag der Woche auswählen – was zu einer täglichen Sicherung führt.
5. Wählen Sie spezielle Optionen für Ihren Job. Je nachdem, ob Sie einen GFS-(Grandfather, Father, Son) oder Nicht-GFS-Job ausgewählt haben, sind diese hier unterschiedlich. Es geht dabei um den Auswurf des Bandes oder des Sets nach der erfolgreichen Sicherung. Über die Schaltfläche »Advanced« unter der Registerkarte »Notifications« können E-Mails oder SNMP-Traps über den Backup-Status verschickt werden. Über die Registerkarte »Advanced« kann zunächst nur das letzte Full Backup ausgewählt und wieder etwas über die Kompression und eventuelle Skripte angegeben werden.
6. In dem Fenster »Schedule« lässt sich der Job planen und eine zusätzliche Wartezeit einrichten, falls abhängige Backup Jobs noch laufen.
7. Haben Sie allerdings einen GFS-Job ausgewählt, so lassen sich hier bei Bedarf Wochen-, Monats-, Quartals- und Jahres-Backups angeben.

File to Tape Job anlegen

Über den Assistenten »New File To Tape Job« können beliebige Windows- und Linux-Dateien sowie Ordner aufs Band gebracht werden. Dieses funktioniert auch für andere als den lokalen Server, und eine Unterstützung für Microsofts VSS ist ebenfalls sichergestellt. Voraussetzung ist nur, dass der jeweilige Server zur Backup-Infrastruktur hinzugefügt wurde.

Bei diesem Job ist es sowohl möglich, nur die Unterschiede von der letzten Sicherung (incremental) als auch ein Full Backup aufs Band zu schreiben.

Wenn Sie eine Windows- oder NAS-Freigabe per UNC-Pfad angeben, wird nach den Anmeldeinformationen gefragt, falls diese nicht schon vorher bei einem Job angegeben wurden.

Die Vorgehensweise ist hier wie bereits oben beschrieben und wird deshalb nicht wiederholt.

Wiederherstellung vom Tape

Nur der Vollständigkeit halber soll hier erwähnt werden, dass natürlich alles, was auf dem Tape gelandet ist, auch wiederherstellbar ist. Über den Weg »Backup – Tape« starten Sie dazu einen Assistenten, der Sie durch den Vorgang leitet.

Seit der Version 9.5 ist es möglich, eine VM ohne Umweg über ein (Staging) Repository mit dem »Full VM Restore Wizard« direkt in die virtuelle Infrastruktur wiederherzustellen. Dabei können Sie natürlich keine Hyper-V-Maschine auf vSphere oder umgekehrt zurückspulen, da die Dateiformate nicht passen.

Sollten Sie einzelne Dateien vom Tape benötigen, so müssen Sie die dazugehörige Sicherung auf ein Repository wiederherstellen und greifen anschließend über »Disk (imported)« auf die Dateien zu. Haben Sie inkrementelle Sicherungen auf Tape gespeichert, so wird die gesamte Kette vom Band geholt, bei Full Backups nur dieses. Haben Sie einzelne Dateien oder Ordner auf Band gesichert, so können Sie diese auch einzeln über den »Files from Tape Restore«-Assistenten wieder zurückholen.

Auch hier ist die Vorgehensweise wie beim Wiederherstellen vom Backup und wird deshalb nicht wiederholt.

Automatische Reinigung

Die automatische Reinigung wird nicht für alleinstehende Laufwerke, also nur für Wechsellaufwerke unterstützt. Der Backup-Server bekommt von der Tape-Library eine Nachricht, dass ein oder mehrere Laufwerke eine Reinigung benötigen. Daraufhin holt er sich vor dem eigentlichen Tape Job aus dem »Unrecognized«-Medienpool das Reinigungsband, führt die Reinigung aus und tauscht das Band gegen ein Speicherband. Anschließend fährt er mit dem zeitlich anliegenden Tape Job fort.

Ein manuelles Reinigen ist mit Veeam nicht möglich. Achten Sie darauf, dass Ihre Library nicht selbstständig eine Reinigung durchführt – es sollte jeweils nur einer machen.

Standardmäßig ist das Häkchen für die automatische Reinigung nicht gesetzt (siehe Abbildung 11-1). Kann so ein Band nicht mehr verwendet werden, wird es automatisch unter »Retired« abgelegt.

KAPITEL 12

Updates / Upgrades

Solange der Support- und Subscription-Vertrag mit Veeam noch läuft, können Sie sich mit Ihrem Account auf der Website von Veeam anmelden, die neue Version 9.5 als ISO-Datei herunterladen, sich einen neuen Key zuschicken lassen und das Upgrade oder Update durchführen.

Neue Veeam Releases und Updates werden zuerst auf dem Veeam Enterprise Manager und anschließend auf dem bzw. den Veeam Backup-Server(n) mittels eines Assistenten installiert. Dafür kann man in großen Umgebungen auch eine unbeaufsichtigte Installation (»silent installation«) nutzen.

> Achten Sie beim Update und Upgrade darauf, dass kein laufender Job mehr auf den beteiligten Servern läuft, da zuvor alle Dienste beendet werden und eine Sicherung dann fehlschlagen würde. Haben Sie einen EM installiert, muss diese Komponente zuerst aktualisiert werden.

Updates einspielen

Liegen neue Updates für einen installierten Backup-Server an, so findet man einen Hinweis auf der Oberfläche der Veeam-Konsole unter Backup Infrastructure beim Punkt Missing Updates. Dieser Punkt wird dann optisch hervorgehoben und mit einem gelben Dreieck versehen. Klickt man auf den Eintrag, so öffnet sich ein Fenster mit dem dazugehörigen Knowledge-Base-Artikel und einem Link auf die Seite von Veeam. Nach der Anmeldung mit einem registrierten Account kann man sich die ZIP-Datei herunterladen, auspacken und anschließend installieren. Durch diesen Vorgang leitet – wie gewohnt – ein Assistent.

Nachdem man die Updates installiert hat, muss man einmalig auf dem jeweiligen Server die lokale Konsole öffnen. Der Assistent für die Aktualisierung wird automatisch geöffnet und leitet durch den Vorgang zu allen beteiligten Komponenten wie Proxies, Repository Server, vPower NFS Server, WAN Accelerator und Tape Server. Hat man beim Assistenten für das Update allerdings das Häkchen für das automatische Updaten aller Komponenten gesetzt, so braucht man die Konsole nicht nochmals aufzurufen. Hat man mehrere Backup-Server, so muss dieser Vorgang auf jedem wiederholt werden.

Da auf den virtuellen Maschinen selber keine Agenten installiert sind, braucht dort auch kein Update gemacht zu werden.

Backup & Replication Upgrade

Binden Sie das heruntergeladene ISO-File an Ihre virtuelle Maschine oder brennen Sie eine DVD von der Datei und legen den Datenträger in die Maschine ein. Falls kein Autostart erfolgt, navigieren Sie im Explorer zu dem Laufwerk mit den Installationsdateien und starten Sie die Datei setup.exe.

Anschließend sollte das nachstehende Symbol (achten Sie auf die Bezeichnung »upgrade«) erscheinen. Klicken Sie dieses an, um den Upgrade-Prozess zu starten.

Abbildung 12-1: Upgrade einer bestehenden Backup-Landschaft

Direkt am Anfang wird nach der Lizenzdatei gefragt. Ist bereits eine gültige Lizenz installiert, so steht unter dem Eingabefeld der entsprechende Hinweis. Anderenfalls können Sie über die Schaltfläche »Browse« den Rechner oder auch das Netzwerk nach der Datei durchsuchen. Nachdem die Voraussetzungen getestet, das zugehörige Passwort für Ihren Account abgefragt und Details zur Datenbank beantwortet wurden, wird das eigentliche Upgrade durchgeführt.

Nach dem Upgrade muss ein Neustart durchgeführt werden.

Vergessen Sie nicht, den Datenträger wieder aus dem Laufwerk zu nehmen bzw. bei einer VM die ISO-Datei zu trennen, also z. B. auf »Client Gerät« stellen.

Wenn der Neustart erledigt ist, dauert es noch ein paar Augenblicke, bis die fünf Dienste gestartet wurden, weil diese zum Teil auf »Automatisch (Verzögerter Start)« stehen.

Starten Sie anschließend die Veeam Backup & Replication Console über das Icon auf dem Desktop, um die Konfiguration zu Ende zu führen (siehe Abbildung 12-2).

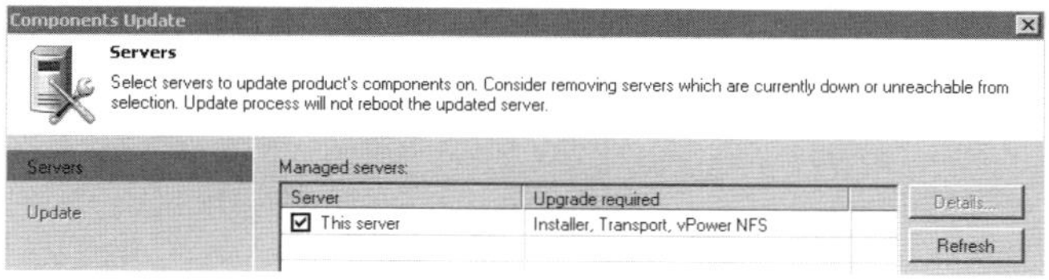

Abbildung 12-2: Nach dem Upgrade durchzuführende Aufgaben

- Klicken Sie auf die Schaltfläche »Next«, damit ein Upgrade der Komponenten durchgeführt wird. Dies kann ein paar Minuten dauern. Klicken Sie anschließend auf »Finish«, damit ist der Upgrade-Prozess abgeschlossen.
- Die neue Version zeigt übrigens die Reporte der Jobs nicht mehr in umgekehrter Reihenfolge an wie die Vorgängerversion: Jetzt ist das letzte Ergebnis oben, vorher war es am Ende des Reports.

vCenter Server upgraden

Wenn Sie vorhaben, Ihren vCenter Server auf eine neuere Version zu migrieren, sollten Sie ebenfalls an die Datensicherung von Veeam denken. Der BS speichert sich in seiner Datenbank nicht die Namen der virtuellen Maschinen, sondern seine Managed Object Reference ID (MoRef). Da die VMs bei dem neuen vCenter Server eine neue ID bekommen, kann der BS die VMs nicht mehr finden. Für diesen Zweck gibt es ein Tool, welches allerdings von Veeam nicht offiziell unterstützt wird. Nach der Anmeldung auf der Webseite von Veeam kann man sich das Migrations-Tool unter *https://www.veeam.com/kb2136* herunterladen.

> Achten Sie darauf, dass das Tool vor dem ersten Sicherungsversuch über den neuen vCenter Server laufen muss. Machen Sie möglichst auch vorher noch ein Backup des Backup-Servers selber bzw. seiner Konfigurationsdatenbank.

In dem Paket (ZIP-Datei) befindet sich auch eine 11-seitige Anleitung für das Tool, deshalb gehe ich hier nicht weiter darauf ein.

KAPITEL 13

Veeam PowerShell

Bei der Installation des Backup-Servers wird gleichzeitig auch eine Erweiterung für die PowerShell (PS) von Microsoft installiert. Die installierte Version der Microsoft PS sollte mindestens die Version 2.0 sein. Über die integrierte Kommandozeile, die man über das Menü (drei Balken oben links) erreicht, kann man Abfragen erstellen, Backup Jobs starten, ändern usw. Alles, was über die grafische Oberfläche möglich ist, lässt sich auch hiermit erledigen.

Haben Sie auf Ihrem lokalen Rechner die Veeam-Konsole installiert, so befinden sich die Commandlets für die BS-Umgebung ebenfalls dort und können genutzt werden.

Auf der Internetseite von Veeam kann man sich eine 1.217-seitige Dokumentation dazu herunterladen, weshalb ich hier nur kurz auf ein paar Details eingehe.

Objekte, die gesichert werden

Wenn man auf einem BS alle Rechner mit den dazugehörigen Jobs ansehen möchte, so kann man den folgenden einfachen Text in eine Datei kopieren, die Dateiendung auf *.PS1 setzen und über die Veeam-PowerShell-Erweiterung ausführen:

```
$JobList = Get-VBRJob
foreach($JobObject in $JobList)
  {$Objects = $JobObject.GetObjectsInJob()
   "  Job Name:", $JobObject.Name; $Objects.Name}
```

Hat man den EM installiert, so lässt sich auch dort die Liste anzeigen und auch in einem Excel-Format exportieren.

Eine Lizenz entfernen

Um eine Lizenz vom Enterprise Manager zu entfernen, geben Sie folgenden Befehl ein:

```
.\Veeam.Backup.EnterpriseService.exe -removelicense [vaw, val]
```

Ohne Parameter werden alle Lizenzen entfernt; vaw bedeutet Veeam Agent für Windows, val Veeam Agent für Linux. Der EM-Server muss anschließend neu gestartet werden.

Um eine Lizenz vom Backup-Server zu entfernen, wenn Sie keinen EM haben, lautet der Befehl:

```
.\Veeam.Backup.Manager.exe -removelicense [all, vbr, vaw, val]
```

Ohne Parameter werden alle Lizenzen entfernt; all bedeutet alle Lizenzen, vbr Veeam Backup and Replication, vaw bedeutet Veeam Agent für Windows, val Veeam Agent für Linux.

KAPITEL 14

Veeam Agent für physische Maschinen

Mit der Version 9.5 kam die Möglichkeit dazu, physische Windows- und Linux-Rechner zu sichern, und seit dem Update 3 von Veeam BS kann eine physische Maschine einfach über das Ribbon »Backup Job – Windows-Computer« (oder Linux-Computer) ausgewählt werden. Wählen Sie in dem dann folgenden Assistenten zunächst den Typ aus, vergeben Sie einen Namen für den Job, fügen Sie die gewünschten Computer hinzu, wählen Sie den ganzen Rechner, nur bestimmte Volumes oder Dateien, den Backup-Speicher, ggf. das Indexing oder »application-aware processing« und den Zeitpunkt der Sicherung – fertig.

Sollte das nicht funktionieren, so nehmen Sie den alten Weg:

Auf der Webseite von Veeam kann man sich eine ca. 190 MByte große ausführbare Datei herunterladen, mit der das Sichern von physischen Windows- und Linux-Maschinen ermöglicht wird. Hier bespreche ich beispielhaft die Windows-Variante.

Nachdem man die ZIP-Datei entpackt, die darin enthaltene EXE-Datei auf der zu sichernden Maschine ausgeführt und die EULA akzeptiert hat, muss man zunächst einen Neustart des Rechners vornehmen. Anschließend befindet sich ein neuer Dienst mit dem Namen »Veeam Agent for Microsoft Windows« (VeeamEndpointBackupSvc) und fünf zusätzliche Einträge im Programm-Menü.

Nach dem ersten Starten der Anwendung wird nach der Lizenz gefragt oder ob im freien Modus gearbeitet werden soll. Haben Sie eine Lizenz, so sollten Sie diese einspielen, da dann ein größerer Funktionsumfang bereitsteht. Nachdem man im Fenster auf OK geklickt hat, wird allerdings nicht nach der Datei im Filebrowser gesucht, sondern man muss zunächst auf die Registerkarte ABOUT klicken und dort auf den blauen Link »Update license to get additional features«.

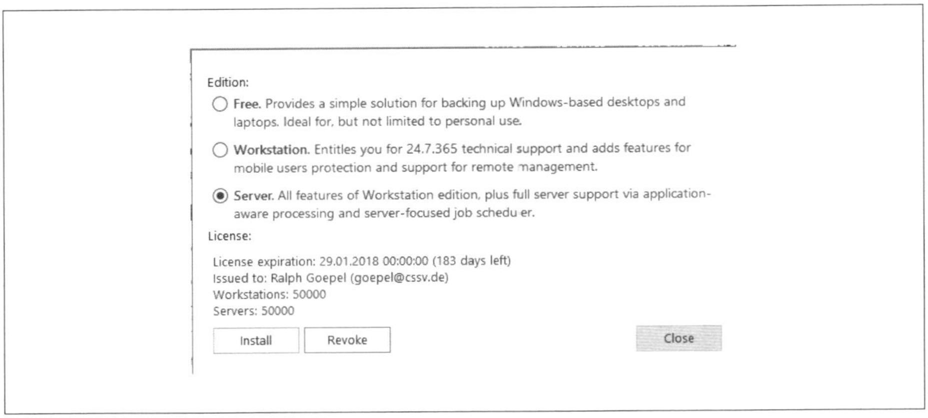

Abbildung 14-1: Auswahlfenster für Lizenzeinstellungen

Bei der »Evaluierungslizenz« bekommt man mittlerweile nur noch 30 Tage für 50 Workstations und 20 Server. Klicken Sie anschließend auf Close. Wenn Sie einen EM haben, sollten Sie die Lizenz dort einspielen. Der Agent auf der Hardwaremaschine erkennt automatisch den EM und fragt gar nicht nach einer Lizenz. Haben Sie die Lizenz auf dem EM eingespielt, erkennt der Agent das sofort und bietet bei der Job-Erstellung die erweiterten Features (wie application aware processing) gleich an.

Sollte in dem Fenster unter dem grünen Balken noch ein gelber mit dem Text »Recovery media has not been created« angezeigt werden, so klicken Sie auf den blauen Link, damit nach einer kurzen Verzögerung der Assistent Create Recovery Media angezeigt wird.

Recovery Media: In diesem Abschnitt wird ein ca. 400 MByte großes Image als ISO-Datei (mit dem Namen des lokalen Rechners) erstellt. Das bedeutet, dass von der Hardwaremaschine ein Image im ISO-Format gezogen wird, das hinterher auch für eine VM zum Starten genutzt werden kann. Dafür werden in das Image die Treiber für die Netzwerkkarten und weitere Geräte einbezogen. Optional können noch weitere Treiber für Festplattenanschlüsse und Netzwerkkarten (z.B. für die Wiederherstellung als VM) hinzugefügt werden.

Image Path: Der Ablageort für das Image wird im nächsten Fenster mit optionalen Anmeldeinformationen (z.B. für eine Netzwerkfreigabe) abgefragt.

Wenn Sie sich die Übersicht angeschaut haben, klicken Sie auf Create und warten Sie, bis der Vorgang abgeschlossen wurde (das dauert ca. 1–3 Minuten).

Klicken Sie anschließend auf die Registerkarte Status und dort auf den blauen Link »Configure Backup«. In dem folgenden Fenster haben Sie drei Optionen zur Auswahl:

Entire computer: Hiermit wird der komplette Rechner gesichert, mit Ausnahme der Auslagerungs-, der temporären und gelöschten Dateien.

Volume level backup: Hierüber kann man Images von einzelnen Laufwerken erstellen, also z. B. nur das Datenlaufwerk. Auch hier werden die gleichen Ausnahmen wie beim gesamten Computer-Backup gemacht.

File level backup: Um einzelne Dateien und Ordner zu sichern, kann man diese Auswahl nutzen.

Haben Sie eine Auswahl getroffen und auf Next geklickt, so muss man als Nächstes den Speicherort für das Backup aussuchen:

Local storage: Ein lokales Laufwerk, das auch über USB, FireWire oder externen SATA-Anschluss angebunden sein kann. Dieses Laufwerk sollte während der Installation des Agenten am besten schon angeschlossen sein.

Shared folder: Hier kann eine Windows-Netzwerkfreigabe (SMB, CIFS) auf einem entfernten Rechner oder einem NAS genutzt werden.

Veeam backup repository: Hat man Veeam Backup & Replication installiert und an dem Rechner einen Datenspeicher für die Sicherungen eingerichtet, so kann man die Daten des lokalen Rechners auch dorthin speichern. Der muss allerdings für einen Benutzer vorher extra freigegeben werden. Dazu klicken Sie auf dem BS unter Backup Infrastructure auf das gewünschte Repository und dann auf das Icon Agent Permissions im Ribbon. Geben Sie einen Benutzer- oder Gruppennamen ein oder suchen ihn z. B. im AD.

Veeam Cloud Connect repository: Angeben des Datenspeichers, der von einem Veeam Cloud Connect Serviceprovider zur Verfügung gestellt wird.

Je nachdem, welche Auswahl man trifft, verändert sich auf der linken Seite des Fensters der Inhalt durch erforderliche Optionen.

Im Folgenden beschreibe ich die Datensicherung auf einer Netzwerkfreigabe:

1. Geben Sie den Pfad zur Freigabe nach folgender Syntax an: \\Server\Freigabename und tragen Sie ggf. die Angaben zu Benutzer und Passwort ein. Über die Schaltfläche Populate wird der noch freie und belegte Speicher angezeigt oder – falls die Anmeldedaten fehlen oder falsch sind – eine Fehlermeldung.
2. Überlegen Sie sich, wie viele Sicherungen (Restore Points) Sie brauchen, und stellen Sie das ein.
3. Klicken Sie auf die Schaltfläche Advanced, um noch Einstellungen zum »Synthetic und Full Backup« zu machen. Auf der Registerkarte Storage können noch Optimierungen für das Sicherungsziel und eine Verschlüsselung gewählt werden.
4. Wenn das Backup-Ziel nicht immer erreichbar ist, kann auf dem lokalen Rechner ein zusätzlicher Cache eingerichtet werden. Besteht die Verbindung wieder, wird die Sicherung fortgeführt und der Cache gelöscht. Achten Sie in dem Fenster auf den Hinweis, ob der vorgegebene Wert (10 GByte) ggf. zu klein ist.

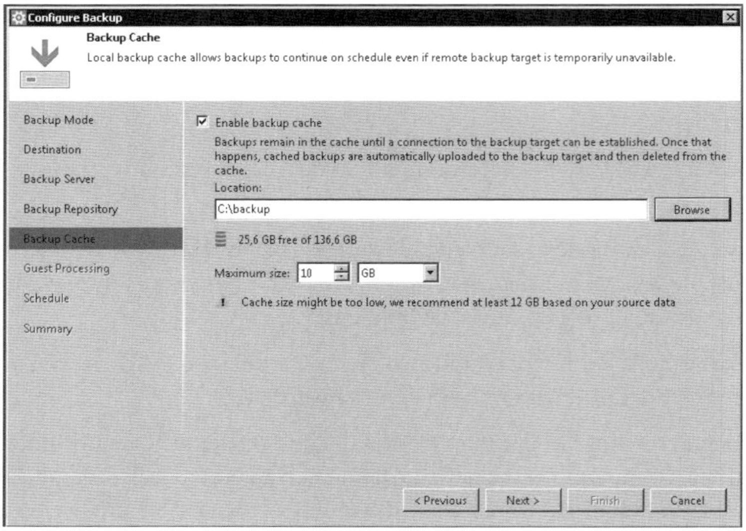

Abbildung 14-2: Backup-Cache-Einstellungen

5. Wie bei der Datensicherung über Veeam Backup & Replication kann hier zum einen das »application-aware processing« für Active Directory, MS-SQL, Exchange, Oracle und SharePoint und ggf. ein Dateiindex ausgewählt werden.
6. Auf der vorletzten Seite kann wie beim Standard-Backup ein Zeitplan zum Sichern erstellt werden.
7. Nachdem Sie auf Next/Apply geklickt haben, wird die Übersicht angezeigt und Sie können den gerade erstellten Job sofort starten.

Zurückgekehrt, können Sie über die Schaltfläche »Backup« ein manuelles Backup starten und den Status des Sicherns anschauen.

Ist der Vorgang erfolgreich abgeschlossen, so wird der unterbrochene Kreis zu einem geschlossenen mit einem grünen Haken darin, und es erscheint die Zeit des Backups unter der grünen Säule. Auf dem Datensicherungsmedium befindet sich anschließend ein Ordner mit »Backup Job« und dem Namen des Computers. Wie bei der Sicherung über Veeam B&R sind in dem Ordner mindestens zwei Dateien mit der Endung *.vbm (Backup Chain Metadata File) und *.vbk (Full Backup).

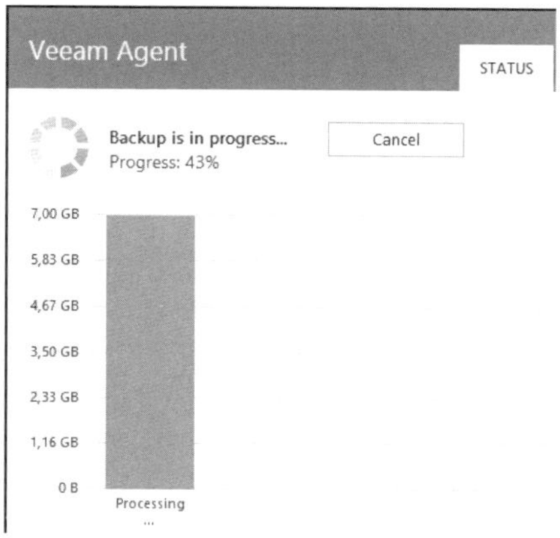

Abbildung 14-3: Backup über Veeam Agent

Haben Sie einen Storage auf einem BS angegeben, so wird von diesem Server auch eine Mail über den Status der Sicherung versandt, und man kann sich die Details dort anschauen. Der Backup Job wird dann auch in der Oberfläche angezeigt, wie beispielhaft in Abbildung 14-4 zu sehen ist.

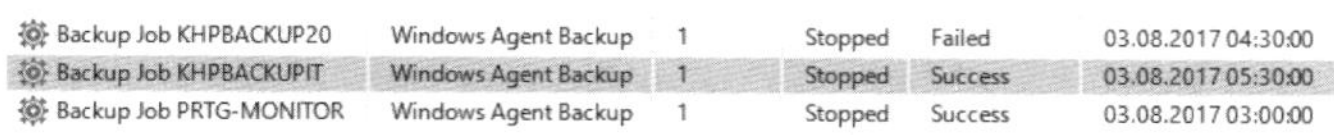

Backup Job KHPBACKUP20	Windows Agent Backup	1	Stopped	Failed	03.08.2017 04:30:00
Backup Job KHPBACKUPIT	Windows Agent Backup	1	Stopped	Success	03.08.2017 05:30:00
Backup Job PRTG-MONITOR	Windows Agent Backup	1	Stopped	Success	03.08.2017 03:00:00

Abbildung 14-4: Hardwaremaschinen-Sicherungen auf Backup Repository

Haben Sie eine andere Ablage für die Sicherung gewählt und wollen diese auf den BS-Storage verschieben, gehen Sie nach dem Veeam-KB-Artikel kb2321 vor.

> Wenn Sie Microsoft-Workstations sichern wollen, achten Sie darauf, dass diese nicht während des Backups in den Suspend-Modus wechseln. Schalten Sie am besten diese Energieverwaltung aus, damit die Maschine gesichert werden kann.

File Level Restore

Möchte man eine einzelne Datei oder einen Ordner aus der Sicherung wiederherstellen, so kann man den Programmpunkt File Level Restore aufrufen. Das Tool sucht nach der letzten Sicherung, verbindet sich automatisch mit dem Datensicherungsspeicher und zeigt im Fenster die verfügbaren Wiederherstellungspunkte an. Nachdem Sie auf »Next« und anschließend auf »Open« geklickt haben, öffnet sich der Backup-Browser, sodass Sie in dem Fenster die gesicherten Laufwerke, Ordner und Dateien sehen. Die Anzeige lässt sich auch im Windows Explorer öffnen, da die Datensicherung lokal auf der Maschine im Ordner `C:\VeeamFLR\>Name des PC<`

angebunden wurde. Über ein Kontextmenü, welches Sie mit der rechten Maustaste erreichen, können Sie die Wiederherstellung starten. Haben Sie alles Benötigte, so können Sie das Fenster über das rote X oben rechts schließen.

Volume Restore

Muss man ein ganzes Volume wieder in den ursprünglichen Zustand bringen, so wählt man das Programm »Volume Level Restore«. Das Tool sucht nach der letzten Sicherung, verbindet sich automatisch mit dem Datensicherungsspeicher und zeigt im Fenster die verfügbaren Wiederherstellungspunkte an. Nachdem Sie auf »Next« geklickt haben, werden die gesicherten Laufwerke mit ihrer Größe und dem Typ angezeigt. Wählen Sie das oder die gewünschten Laufwerke aus und klicken Sie auf »Next«. Beachten Sie, dass Systemlaufwerke nicht auf der lokalen Maschine hergestellt werden können, wohl aber auf einem anderen PC.

Über den blauen Link »Customize disk mapping« wird das Festplattenlayout angezeigt. Dort kann man mit der rechten Maustaste wieder ein Kontextmenü aufrufen und einzelne Partitionen entfernen, erweitern etc.

Nachdem Sie auf »Next« geklickt haben, wird ggf. noch eine Warnmeldung ausgegeben, dass bestehende Laufwerke überschrieben werden. Haben Sie auf »Yes« geklickt, so wird das Laufwerk wiederhergestellt.

Komplette Maschine wiederherstellen

In diesem Beispiel wird ein vorher gesicherter physischer Server als virtuelle Maschine wiederhergestellt:

1. Erstellen Sie in Ihrer virtuellen Umgebung eine VM mit den notwendigen Hardwarevoraussetzungen, ähnlich wie die physische Maschine.
2. Binden Sie das von dem Server erstellte ISO-Image an die VM und starten Sie sie damit.
3. Wenn der grüne Bildschirm erscheint, wählen Sie aus den drei Möglichkeiten »Bare Metal Recovery« aus.
4. Geben Sie an, wo sich die gesicherten Dateien befinden: lokal oder im Netzwerk. Da sich in der VM nichts lokal befindet, wählen wir das Netzwerklaufwerk und klicken auf »Next«.
5. Sollte der Netzwerkadapter nicht gefunden werden, so müssen die Treiber dafür nachinstalliert werden. Wählen Sie anschließend »Shared Folder«, »Veeam Backup Repository« oder den Cloud-Speicher aus und klicken Sie auf »Next«.
6. Geben Sie den genauen Zielort der Sicherungsdateien und ggf. die Anmeldedaten an oder wählen Sie die Schaltfläche »Browse«.

7. Haben Sie mehrere Restore Points, wählen Sie den gewünschten und im nächsten Fenster – in unserem Beispiel – »Entire computer«.
8. Wenn Sie auf »Next« geklickt haben, wird der physische Server als VM hergestellt.

> Falls die physische Maschine noch läuft, kann es zu Konflikten mit doppeltem Namen im Netzwerk kommen, und der Rechner muss eine statische IP-Adresse wieder manuell eingetragen bekommen.

9. Ist der Wiederherstellungsprozess abgeschlossen, klicken Sie auf »Finish« und machen einen Neustart der VM.

Seit dem Update 3 der Version 9.5 kann man physische Maschinen direkt über die BS-Konsole auswählen, mit dem Agenten »betanken« und die Sicherungen einrichten.

KAPITEL 15

Sonstiges

Hier folgen einige wichtige Informationen, wenn Sie eine Funktion vermissen oder auch Probleme mit der Software haben.

Veeam-Log-Dateien

Der BS speichert unter `%ProgramData%\Veeam\Backup` detaillierte Log-Dateien für alle seine Komponenten wie Veeam Shell, Veeam Backup Service, Veeam Guest Catalog Service, Veeam vPower NFS Service, Veeam Installer, Veeam Data Mover und ausgeführte Jobs.

Haben Sie einen Linux-Server zur Infrastruktur hinzugefügt, so finden Sie auf diesem die Protokolldateien unter `/var/log/VeeamBackup/` oder `/tmp/VeeamBackup`. Auf dem ESXi Host sind es übrigens die gleichen Verzeichnisse.

Gehört ein Windows-Server zur Bestandsliste, so finden Sie die Dateien auf ihm unter `%ProgramData%\Veeam\Backup`.

Über die Export-Funktion (im Hauptmenü unter »Help – Support Information« des BS können Sie alle Log-Dateien von allen beteiligten Servern einsammeln und exportieren.

Registry-Werte für Veeam B&R

Die in der Registry von Windows nach der Installation des Produktes befindlichen Einträge oder die, die hinzugefügt werden können, sind zentral in dem Knowledge-Base-Artikel 2182 (*https://www.veeam.com/kb2182*) aufgelistet.

Hier sind nicht alle Einträge von Veeam aufgeführt, da einige nicht verändert werden dürfen. Je nach Version und Update-Stand der installierten Software kann es auch Einträge nicht geben, oder sie sind nicht für diese Version gedacht.

Die Einträge und Werte sollten nicht ohne Grund geändert werden, sondern nur bei den beschriebenen Problemen. Anschließend sollten alle Jobs beendet und der Backup-Dienst sollte neu gestartet werden.

Einige dieser Registry-Einstellungen habe ich bereits oben detaillierter beschrieben. Sollten Sie ein Problem haben, welches in diesem Buch bisher nicht gelöst wurde, so können Sie in diesem Kapitel nachschauen.

Bei allen Arbeiten an der Registry sollten Sie Vorsicht walten lassen und vor den Änderungen eine Kopie des jeweiligen Zweiges machen bzw. diesen exportieren.

Registry-Eintrag für wechselnde Datenträger

Wenn Sie Ihre Datensicherung auf dieser Art Repository sichern, kommt es regelmäßig zu Problemen mit den Retention Policies: Der BS kann nicht feststellen, wie viele veraltete Einträge gelöscht werden sollen, da er immer nur Zugriff auf einen Datenträger des Typs »This Repository is backed by rotated hard drives« hat. Um dieses Problem zu lösen, können Sie folgende Einstellungen in der Registry des Backup-Servers vornehmen:

1. Gehen Sie zum Zweig HKLM\Software\Veeam\Veeam Backup and Replication.
2. Erstellen Sie einen neuen DWORD(32-Bit)-Wert mit dem Namen »ForceDeleteBackupFiles«.
3. Um alle Daten der Sicherung vor dem Job zu löschen, geben Sie den Wert »3« ein.
4. Um alle Daten auf dem Datenträger zu löschen, geben Sie den Wert »5« ein.
5. Starten Sie den Veeam-Backup-Dienst neu.

Bei dem Wert 5 werden alle Daten auf dem Datenträger gelöscht – auch die, die nicht zu dem Job gehören! Sollte der Datenträger zu klein für zwei Full Backups sein, können Sie ebenfalls diesen Tipp nutzen.

VBRCatalog verschieben

Wenn der Platz auf dem Laufwerk C:\ des BS knapp wird, kann man den Katalog von hier auf einen anderen Datenträger verschieben. Gehen Sie wie folgt vor:

1. Beenden Sie den Veeam-Backup-Dienst.
2. Überprüfen Sie die Berechtigungen, die auf dem Ordner gesetzt sind.
3. Beenden Sie die Freigabe und verschieben Sie den Ordner auf das neue Laufwerk.
4. Setzen Sie die vorigen Berechtigungen und geben Sie den Ordner wie vorher frei.
5. Gehen Sie zum Zweig HKLM\Software\Veeam\Veeam Backup Catalog.

6. Lokalisieren Sie den Eintrag »CatalogPath« und ändern Sie den Wert auf z. B. E:\VBRCatalog\.
7. Starten Sie den Backup-Dienst wieder.

VMs von einem LUN sichern

Wenn Sie für einen Backup Job alle VMs auf einem Datastore ausgewählt haben, werden auch die VMs mitgesichert, die lediglich ein ISO von dort gemountet haben. Um dies zu verhindern, können Sie in der Registry im Zweig »HKLM\SOFTWARE\Veeam\Veeam Backup and Replication« den DWORD(32-Bit)-Wert »1« mit dem Namen »StrictDatastoreScope« setzen.

Maximale Anzahl der Snapshots pro LUN

Der Standardwert für die maximale Anzahl der Snapshots pro Datastore ist bei Veeam B&R auf »4« festgesetzt. Gerade wenn Sie Backups über die VMs auf einem Datastore machen, kann diese Zahl zu niedrig sein. In der Registry im Zweig »HKLM\SOFTWARE\Veeam\Veeam Backup and Replication« gibt es den DWORD-(32-Bit)-Wert »4« im Eintrag »MaxSnapshotsPerDatastore« der dann nach oben hin korrigiert werden kann.

Tape

Mehrere TapeDevices

Wenn eine Tape Library die Seriennummern der Laufwerke dem BS nicht mitteilt, kann es passieren, dass diese in der Übersicht einzeln auftauchen. Um das zu verhindern, sucht man sich aus dem Gerätemanager zunächst den »Tape Symbolic Name« heraus (z. B. Tape0).Anschließend geht man in der Registry zu dem Zweig HKLM -> Software -> Veeam -> Veeam Backup and Replication und erstellt dort einen Eintrag mit dem Namen TapeDevices, dem Typ REG_MULTI_SZ und dem Wert changer0=tape0. Haben Sie mehrere Laufwerke, so ergänzen Sie den Wert um die weiteren: changer0=tape0,tape1,tape2 o. Ä.

Fehlermeldung I/O device error oder I/O bus was reset

Je nachdem, welche Verbindung, Controller oder Library man einsetzt, kann es zu Verzögerungen bei Anfragen kommen, und die Warteschlange kann volllaufen. Windows macht dann einen Reset auf dem Bus, was zu der obigen Fehlermeldung führen kann. Um die Timeouts für den »StorePort« zu erhöhen, kann man in der Registry des Tape-Servers bei HKLM\System\CurrentControlSet\Enum\SCSI\DEVICEID\INSTANCE\DeviceParameters\StorPort\ folgende beiden DWORD-Werte auf 1.000 setzen: `"BusyRetryCount"` und `"BusyPauseTime"`. Zusätzlich erstellt man noch den DWORD-Eintrag `"BusyTimeoutCount"` mit dem Wert 5.000. Anschließend muss der Tape-Server neu gestartet werden, um die neuen StorePort-Werte zu übernehmen.

Antivirus-Programme

Einige Antivirus-Programme können Probleme beim Betrieb mit Veeam Backup & Replication verursachen. In der nachfolgenden Liste finden Sie einige Einstellungen, die bei dem Problem helfen könnten:

1. Ordnerstruktur auf dem Backup-Server:

   ```
   C:\Program Files\Veeam
   C:\Program Files (x86)\Veeam
   C:\Program Files\Common Files\Veeam
   C:\Program Files (x86)\Common Files\Veeam
   C:\VBRCatalog ❶
   NFS ❷
   C:\VeeamFLR\*
   C:\Windows\Veeam
   ```

   ❶ Der VBRCatalog-Ordner kann auch woanders liegen, was man in der Registry unter »HKLM\SOFTWARE\Veeam\Veeam Backup Catalog« nachschauen kann.

   ❷ Dieser Wert wird in jedem Repository gespeichert/konfiguriert, er kann unter »HKLM\SOFTWARE\Wow6432Node\Veeam\Veeam NFS« nachgeschaut werden.

2. Ordner im Windows-Gastsystem für VSS:

   ```
   C:\Windows\VeeamVssSupport
   C:\Windows\VeeamLogShipper
   ```

3. Ordner auf Proxies und CIFS Repository Gateways:

   ```
   C:\Program Files(x86)\Veeam
   C:\Windows\Veeam
   ```

4. Ordner auf Windows-Repositorien:

   ```
   C:\Program Files(x86)\Veeam
   C:\Windows\Veeam
   ```

5. Ordner auf WAN Accelerator:

   ```
   C:\Program Files(x86)\Veeam
   C:\Windows\Veeam
   ```

6. Dateien:

   ```
   VeeamAgent.exe
   VeeamAgent64.exe
   *.vmdk
   ```

Wenn diese Einstellungen nicht ausreichen, schauen Sie in den Log-Dateien des Antivirus-Programms nach, wo eventuell noch zusätzliche Ausschlüsse eingetragen werden müssen.

Keine E-Mails vom Backup-Server

Der Dienst Veeam Backup benötigt eine Mitgliedschaft in der Gruppe der Veeam-Backup-Administratoren, um E-Mails schicken zu können. Sollte diese Einstellung beim BS nicht vorhanden sein, kann das im Hauptmenü (drei waagerechte Striche oben links) nachgeholt werden. Klicken Sie auf »User and Roles«, um das Fenster »Security« zu öffnen, und anschließend auf die Schaltfläche »Add«. Geben Sie dort den Benutzer »Domäne\Service_Account« ein und wählen Sie im Dropdown-Feld »Veeam Backup Administrator« aus.

Backup von Cluster-Knoten

Ein Cluster mit virtuellen oder physischen Maschinen kann aufgrund der Festplattenbereitstellung nicht so einfach gesichert werden. Über den Agenten im Betriebssystem lassen sich sowohl unabhängige als auch RDM-Festplatten sichern, jedoch weist Veeam darauf hin, dass ein Microsoft Failover Cluster offiziell seit dem Update 3 unterstützt wird, weil der neue Agent dafür mittlerweile ausgelegt ist. Die Platten, die von beiden Knoten genutzt werden (Shared Disks), sollten dabei ausgespart werden. Wenn Sie andere Tools für das Backup der Anwendung benutzen, können Sie die Anwendungssicherung auf eine »normale« Platte legen und diese wiederum über Veeam sichern.

SQL Cluster sichern

Seit dem Update 3 der Version 9.5 wird das Backup von einem Windows Failover Cluster, wie ein SQL Server Failover Cluster, und einer SQL Server AlwaysOn Availability Group unterstützt. Über den neuen Agenten wird eine konsistente Sicherung ermöglicht, sodass hinterher sowohl Dateien als auch Objekte aus der Sicherung wiederherstellbar sind.

Exchange Cluster sichern

Beim Exchange DAG verhält es sich ähnlich wie beim SQL Cluster. Hier wird das separate Backup von den Knoten unterstützt, nicht das gleichzeitige. Das Sichern eines kompletten Rechners, einzelnen Volumes oder Dateien ist ebenfalls kein Problem, und das Löschen der Transaktions-Logs erfolgt wie gewohnt, solange der primäre nicht zum sekundären Knoten wird. Sollte dies einmal der Fall sein, müssen Sie entweder den Backup Job anpassen oder vor der nächsten Sicherung zurückschwenken.

Backup vom VCSA

Wenn Sie die VMware Appliance für den vCenter Server einsetzen und über Veeam ein Backup erstellen wollen, sollten Sie das »VMware Tools Quiescence« ein- und das »Application-Aware Image Processing« ausschalten. Damit wird eine Sicherung im eingeschalteten Modus gemacht, was eventuell die Datenbank bei der Wiederherstellung nicht wieder starten lässt. Sie können die Datenbank von der VCSA über VMware-Bordmittel sichern, was ausführlich unter *https://kb.vmware.com/s/article/2091961* beschrieben ist.

Für die Wiederherstellung müssen Sie wie in Punkt 6.8 (siehe oben) vorgehen.

NFC-Server-Problem mit ESXi 6.5

VMware hat bei dem ESXi 6.5 Host den Arbeitsspeicher für gleichzeitige Verbindungen über die VDDK-Schnittstelle auf 20 bis 30 reduziert. Veeam hat darauf reagiert und den bisherigen Wert von 28 (von ESXi 5.0 bis 6.0) auf jetzt 20 gleichzeitige Verbindungen reduziert. Sollten Sie dadurch Probleme mit dem Backup-Zeitfenster bekommen, können Sie versuchsweise diesen Wert auf bis zu 30 wieder erhöhen (siehe VMware KB52813), indem Sie z. B. mehrere Proxies einsetzen.

KAPITEL 16

Zusammenfassung der Funktionen

In der aktuellen Version 9.5 weist Veeam Backup & Replication folgende Funktionen auf, die zum Teil nur bei dieser Software implementiert sind und diese so einzigartig machen:

1. Deduplizierten Speicher pro Backup Job
2. Zugriff auf SMB/CIFS, NFS und Storages
3. Wiederherstellung von Dateien aus 15 verschiedenen Dateisystemen von Windows, Linux, Macintosh, OS/2, Novell Netware usw.
4. Keine Datensicherung von VMs mit 28 oder mehr Snapshots
5. Starten einer VM aus der Datensicherung auf einem ESXi Host
6. Wiederherstellung von Objekten aus Active Directory, Exchange, SharePoint, Oracle und MS-SQL-Datenbanken
7. Sichern und Kopieren von Transaktionslogs
8. Kompression der Daten vor der Übertragung z. B. über das Netzwerk
9. Eine integrierte Near-CDP-Funktion (Near-Continuous Data Protection): Damit werden Änderungen an virtuellen Maschinen erkannt und die vorher erstellten Images (Replikate) laufend aktualisiert.
10. SureBackup: in einer gesicherten Umgebung mehrere Maschinen aus unabhängigen Backups starten
11. Backups über WAN-Strecken mit 1–5 MBit/s
12. Das sogenannte »Seeding«: Daten von einer vorhandenen Sicherung nutzen um weniger Daten z. B. in ein entferntes RZ übertragen zu müssen
13. Nutzen von Storage Snapshots statt VMware Tools Snapshots
14. Reverse Incremental Backup: Nutzung von vorherigen Backups, um ein Full Backup zu »errechnen«
15. Aussparen von »als gelöscht markierten« Dateien
16. Kopieren von Backups (auch inkrementell) auf ein anderes Medium

17. Backup-Verschlüsselung z.B. für eine Cloud-Anbindung schon vor der Übertragung (AES256)
18. Unterstützung von Tapes und Tape Libraries
19. Aussparen von individuellen VM-Festplatten, -Ordnern oder -Dateitypen
20. Replizieren von VMs auch aus einem Backup an beliebige Orte und Speicher
21. Ausführung von Skripten vor und nach dem Backup auf dem Backup-Server oder im Betriebssystem der VMs
22. vSphere Web Client Plug-in: Backup, Monitoring, Anzeigen von nicht gesicherten VMs, Kapazitätsplanung
23. Eigene Veeam Konsole: verbindet sich auf den Backup-Server ohne RDP oder Ähnlichem
24. Guest File System Indexing: schnelles Finden von Dateien im Backup von sehr großen Maschinen
25. Quick Migration: Migrieren von VMs zwischen Hosts oder Storages ohne die VMware-Funktionen vMotion und Storage vMotion
26. Automatische, nichtautoritative Wiederherstellung eines Domaincontrollers

KAPITEL 17

Abkürzungs- und Fremdwortverzeichnis

Die in diesem Dokument genutzten Abkürzungen und die wichtigsten Fremdwörter werden hier alphabetisch aufgelistet und kurz erklärt.

AD	Active Directory
ADF	Advanced Data Fetcher – entlastet die VMware-Umgebung durch die Reduzierung von I/O-Operationen
API	Application Programming Interface (Softwareschnittstelle)
Backup	Datensicherung
Backup-Agenten	Hilfsprogramm zur Datensicherung
BFSS	Backup From Storage Snapshots
BS	Backup-Server
CBT	Changed Block Tracking (Nachverfolgung geänderter Blöcke)
CDP	Continuous Data Protection (kontinuierlicher Datenschutz)
CIFS	Common Internet File System (Microsoft-Dateifreigabe)
CSV	Cluster Shared Volumes (Microsofts gemeinsamer Hyper-V Cluster Storage)
DAS	Direct Attached Storage (direkt angeschlossener Datenspeicher)
DNS	Domain Name Service (Netzwerk-Namensauflösungsdienst)
DR	Disaster Recovery (Wiederherstellung im Katastrophenfall)
DSA	Direct Storage Access
EM	Enterprise Manager (Softwareprodukt)
ESX/ESXi	(keine Abkürzung) Bare-Metal-Hypervisor von VMware, Virtualisierungsschicht
FB	Full Backup
FC	Fibre Channel (Protokoll für den Zugriff auf ein SAN)
FCoE	Fibre Channel over Ethernet (Protokoll für den Zugriff auf ein SAN über IP)
FQDN	Full Qualified Domain Name (Vollqualifizierter Domänenname)
HBA	Host Bus Adapter
IDE	Intelligent Drive Electronics (Festplattenanschluss)

IP	Internetprotokoll (wird mit TCP oder UDP genutzt, z. B. TCP/IP)
IQN	iSCSI Qualified Name, qualifizierter Name des iSCSI-Adapters
iSCSI	SCSI-Protokoll über IP (Ethernet)
LUN	Logical Unit Number, eine spezifische logische Einheit – Teil einer Festplatte, eine komplette Festplatte oder mehrere Festplatten in einem Storage-Verbund
NAS	Network Attached Storage (an ein Netzwerk angebundener Speicher)
NBD	Network Block Device Protocol (Netzwerk-Sicherungsmodus)
NFS	Network Files System Protocol (Protokoll, welches für NAS genutzt wird)
OS	Operating System (Betriebssystem)
Proxy	Netzwerkvermittler, Kommunikationsschnittstelle
PS	Microsoft PowerShell
RDM	Raw Device Mapping (physische Laufwerke, LUNs)
Recovery	Wiederherstellung aus der Datensicherung
ROBO	Remote Office/Branch Office (entferntes Büro/Niederlassung)
SAN	Storage Area Network (komplexes Netzwerk für die Anbindung von Speicher)
SAS	Serial Attached SCSI (seriell angeschlossenes SCSI)
SATA	Serial Advanced Technology Attachment (Festplattenanschluss)
SCSI	Small Computer System Interface (Protokoll für Datenträgerzugriffe)
SMB	Server Message Block Protocol (Microsoft-Dateifreigabe)
SNMP	Simple Network Management Protocol
SOBR	Scale-out Backup Repository
SP	Service Packs (gebündelte Aktualisierungen, Updates)
SSL	Secure Socket Layer (gesicherter Zugriff z. B. auf Webseiten (https://))
UI	User Interface (Benutzeroberfläche)
VA	Virtual Appliance (fertige VM)
VADP	vSphere API for Data Protection (Sicherungsschnittstelle in vSphere)
vCLI	vSphere Command Line Interface (Kommandozeilen-Schnittstelle)
VDDK	Virtual Disk Development Kit (Softwareschnittstelle)
VM	virtuelle Maschine
VMFS	Virtual Machine File System (Dateisystem von VMware)
vSAN	virtuelles SAN von VMware
VSS	Volume Shadowcopy Service (Volumen-Schattenkopien)
VTL	Virtual Tape Libraries (Flash- oder Magnetplatten)
vVol	Virtual Volumes von VMware
WAN	Wide Area Network (Weitverkehrsnetz, gemeint ist hier das Internet = GAN, Global Area Network)

Index

O

P

Q

R

S

T

U

Über den Autor

Ralph Göpel ist Diplominformatiker, Microsoft Certified System Engineer und VMware Certified Professional. Er gibt Unterricht in den verschiedensten IT-Bereichen und Themen. Seit ca. 18 Jahren arbeitet er insbesondere als Consultant und Dozent mit den Produkten von VMware, seit einigen Jahren gehören die Produkte von Veeam mit dazu. Er unterstützt seine Kunden bei der Implementierung, macht Troubleshooting und übernimmt die Betreuung von kleinen bis großen Umgebungen.

Kolophon

Das Tier auf dem Cover von »Praxishandbuch Veeam Backup & Replication 9.5« ist eine Chrysaora plocamia – eine Südamerikanische Seenessel. Diese Quallenart, die im Pazifik und im Atlantik entlang der südamerikanischen Küste vorkommt, hat einen ca. 30 Zentimeter breiten Schirm, der gelblich-halbtransparent und schalenartig ausgeformt ist und sich ausdehnen und zusammenziehen kann, wodurch die Qualle sich fortbewegt. Daran hängen 24 dünne, rote Tentakeln, die wie Bänder aussehen, und vier Fangarme mit Nesselzellen, die ein bis drei Meter lang werden können. Auf den Fangarmen sitzen viele kleine Nesselzellen, die Giftstoffe enthalten. Bei Berührung wird das Gift injiziert und das Opfer gelähmt oder getötet. Beim Menschen verursacht die Berührung einen schmerzhaften Ausschlag, der aber nach 30 Minuten wieder abklingt.

Die Nahrung der Qualle besteht aus Zooplankton, kleinen Krustentieren, anderen Quallen und Fischeiern. Im Sommer leben die Quallen nahe der Wasseroberfläche in flachen Buchten, während sie im Winter weiter in die Tiefen des Ozeans vordringen. Besonders häufig kommen sie an den Küsten Perus und Chiles und von Argentinien bis Uruguay vor. Hier kann es zur sogenannten »Quallenblüte« kommen – einem massenhaften Auftreten, dessen Ursache noch nicht letztgültig geklärt ist. Ein Grund dafür ist sicherlich der Rückgang an natürlichen Fraßfeinden wie Meeresschildkröten und Dornhaien. Auch die steigenden Wassertemperaturen infolge des Klimawandels werden als Ursache genannt.

Der Gattungsname Chrysaora kommt aus der griechischen Mythologie: Chrysaor, Bruder des Pegasos und Sohn von Poseidon und Medusa. Übersetzt bedeutet Chrysaor »Goldschwert«.